図書館の自由に関する宣言
1979年改訂（主文）

　図書館は、基本的人権のひとつとして知る自由をもつ国民に、資料と施設を提供することを、もっとも重要な任務とする。

　この任務を果たすため、図書館は次のことを確認し実践する。
　第1　図書館は資料収集の自由を有する。
　第2　図書館は資料提供の自由を有する。
　第3　図書館は利用者の秘密を守る。
　第4　図書館はすべての検閲に反対する。

　図書館の自由が侵されるとき、われわれは団結して、あくまで自由を守る。

公益社団法人　日本図書館協会

Contents
目次

第1部　図書館の自由に関する宣言1979年改訂のころ ……………………… 3

第2部　いま，この時代に自由宣言の意義を捉えなおす……………………23
　　　　―79年改訂を通して自由宣言の意義，課題を考える―
　　　　補記……………………………………………………………………47

資料……………………………………………………………………………59
　　関連略年表
　　図書館の自由に関する宣言　1979年改訂
　　図書館の自由に関する宣言（案）　1954年原案
　　図書館の自由委員会規程
　　文献

あとがき………………………………………………………………………78

第 1 部

塩見昇さん講演会
図書館の自由に関する宣言 1979 年改訂のころ
『図書館の自由委員会の成立と「図書館の自由に関する宣言」改訂』
出版記念

主催：日本図書館協会図書館の自由委員会
期日：2018 年 1 月 28 日（日）
会場：ホテルアウィーナ大阪
参加者：48 人

図書館の自由に関する宣言 1979 年改訂のころ

　今日は，私がこの 12 月に日本図書館協会（日図協）から出した『図書館の自由委員会の成立と「図書館の自由に関する宣言」改訂』の出版を記念して，自由委員会でこういう機会をつくっていただきありがたいと思っています。
　「改訂のころ」という講演タイトルですが，図書館がどういう状況の中で自由委員会の設置と宣言改訂がなされたかを話すつもりです。図書館の自由の問題自体がこの時期どうだったかについては，本の 2 章「宣言改訂を取り上げるに至る経緯と 70 年代後半の『自由』に係る事象」に少し書きました。図書館がどういう状況だったかは本にはあまり書かなかったので，今回そのお話ができるのはよい機会だと思います。
　今日のお話の柱としては三つあります。前置きとして，今回この本をまとめようと思ったのはなぜかということ。それから，自由委員会の成立と宣言の改訂を進めたこの時期，具体的には 1973 年から 79 年ごろの公共図書館の状況を主としてお話します。その上で，委員会の成立と宣言の改訂がどういうふうに進められたかを最後に時間の許す範囲でお話します。

●はじめに　本書を執筆しようとした意図

　自由に関する宣言の成立とその後の展開については，以前に川崎良孝さんと私の編で出した論集『知る自由の保障と図書館』（京都大学図書館情報学研究会

2006年)の中で，60ページほど書きました(第1章「図書館の自由に関する宣言」の成立と進展)。それはそれでありますが，そろそろ関係資料，自由委員会の記録や自由宣言の改訂にあたったときの作業メモのようなものをなんとかせねばと思い始めました。私は若いころから同世代よりもむしろ一世代上の人とおつきあいいただくことがよくありました。この作業をご一緒にやってきた方々，委員長の森耕一さん，浪江虔さん，裏田武夫さん，伊藤松彦さん，あるいは委員ではありませんが事務局長で支援いただいた栗原均さん等々がもうすでに亡くなっております。起草委員として一緒に作業した関西の酒井忠志さんと石塚栄二さんもお体がそれほどよくなく，会合に出られなくなりました。今のところ元気なのは酒川玲子さんぐらいです。そこで，これは私が今やっておかないといけない仕事だろうと思い，2年間ぐらいかけて進めてきました。

　70年代の公共図書館をめぐる状況は非常に活気があり，魅力的な時代だったと思います。そういう状況と比べると，今は非常にシビアな状況だと思います。その中で図書館の自由の実践と研究の構築を若い人にお願いしないといけないが，その際70年代の改訂の経験を活用していただければありがたいと思います。

●どういう時代の中で宣言の改訂は進められたか

　自由委員会の成立から宣言の改訂はどんな図書館状況の中で進んだのか，公共図書館の70年代をお話します。そのことが実は，図書館の自由というものを観念とか理念の問題だけではなしに，日常の問題としてとらえることを可能にしたといえる，と私は思っております。

　今日は学校図書館の方がたくさん見えていますが，学校図書館プロパーの話はあんまり出ないと思いますけれど，その点はひとつご辛抱いただきたいと思います。

　レジュメが1枚と，参考資料として資料1は統計，資料2も統計の数字，そして資料3の関連略年表，これらを使いながらあとの話をしていきます。

　1973年に自由の委員会をつくろうという動きが始まり，自由委員会をつく

るという結論が図書館協会で出る。そして1975年から具体的に委員会が活動を開始する。委員会活動の比較的最初の段階で，1954年に主文だけが採択され，棚上げになっていた副文を現代的に再生しようと自由委員会で決める。そして，76年から79年に，図書館協会の委員会の仕事としてとても丁寧に作業をつみあげて宣言の改訂をしました。

委員会の設置と宣言改訂の時期というのは，正確には73年から79年ですが，1970年代といってもあまり違いはないと思いますので，このあと70年代の公共図書館をめぐる状況をお話します。

○変化に手ごたえが感じられる，活気のある面白い時代

レジュメのまん中あたりに「変化に手ごたえが感じられる，活気のある面白い時代」と書きました。そういって過言でないと考えています。また，そういう時代にいささかのかかわりを持てたのは，私としてもたいへんありがたいことだったと思っています。そういう時代に日本の図書館員が何をしたかをみていきます。

まず資料1をご覧ください。たいへんおおまかな統計ですが，1970年と1980年，1970年代の初めと終わりごろの公共図書館，特に市区町村図書館の全国集計を出した数値です。

資料1　1970年と80年の市区町村立図書館　データによる概観

	1970年	1980年	変化 (倍率)	2016年 (参考)
サービス対象人口（万人）	6,151	8,413	1.37	12,474
設置自治体	647	876	1.35	1,322
図書館数	764	1,218	1.59	3,203
設置率（市区）	69.7	81.0	1.16	98.8%
設置率（町村）	8	13	1.47	55.8%
資料費（1人当，円）	17	100	5.88	207
蔵書冊数（100人当）	29	65	2.24	311
貸出密度（100人当）	25	144	5.76	550
専任職員数	3,464	7,021	2.03	8,869
非常勤・臨時等職員				27,197

(『日本の図書館』データより)

サービス対象人口，設置自治体，図書館数，設置率は，おおむね1.4～1.5倍ぐらいのゆるやかな増加で劇的な変化ではありません。そういう中で，資料費が5.88倍と増えていた。まだ高度成長の中で，人件費には金は出さないが資料費ならつけるという雰囲気が行政当局にもあった時代を示しています。蔵書冊数は2.24倍。注目してほしいのが貸出密度で，70年と80年では6倍近い増加になっている。これは，自然にそうなったのではなく，全国の図書館員が意識的にがんばったことが累積されたものです。最後に専任職員数。今は専任職員がどんどん減って非常勤・臨時職員・派遣の職員が非常に増えています。70年とか80年には派遣の集計値はまだ出されていませんが，それほど大きかったわけではないでしょう。非常勤・臨時職員は1981年には千人ぐらい，今では派遣を含めて2万7千人とたいへんな増加です。一方専任職員の伸びは少なく，非正規の方が何倍も多いという状況になっています。

この変化，貸出密度——人口当たりの貸出数ですが——，これが自然増ではなく5.76倍と変化している，このあたりがどんなふうに生まれてきたか，のちほどお話しようと思います。

1963年の『中小レポート』（『中小都市における公共図書館の運営』），65年の日野（市立図書館）の開設，68年から始まった日図協の公共図書館振興プロジェクト，それを経て『市民の図書館』が出て，これによって図書館づくりの共通の目標，そのイメージが図書館員と市民に共有されたのがこの時期の非常に大事な特徴だと思います。

60年代の終わりにそういうことが進んで，それが軌道に乗って成果が目に見えて表れることによって，図書館活動が活性化した時期が70年代です。この時期の図書館員の努力が累積されて資料1のデータに反映しています。

その変化を少し見ていきたいと思います。資料3の年表（巻末p.60～62）をご覧ください。

この年表には，60年代の終わりぐらいから80年ぐらい，委員会の成立あるいは宣言の改訂がなされた時期の図書館の自由に関することと，図書館自体の大きな動き，図書館運動の目標や課題などを並べておきました。

　1967年に図書館問題研究会（図問研）の全国大会で，貸出を伸ばそうという活動方針を決めました。今，図書館は，市民が読みたい本を手軽に貸すことに徹底することがきわめて重要だ，それをもって市民の図書館イメージを覚醒していくことが非常に重要だとして，貸出を伸ばそうと決め，それを各地の図問研の会員が中心になって熱心にやりました。

　貸出を伸ばそうとさまざまな工夫がありました。そのいくつかを紹介したいと思います。

　まずひとつは1969年に，『東京の公共図書館：貸出を伸ばすための実態調査報告』という冊子を図問研東京支部がつくっています。これは非常に重要な資料で，図問研の何十年史などにきちんと位置づけて評価をし，あとの活動との関連も書いておかなきゃならないと私は思います。貸出を妨げているものを点検し，それをひとつひとつ取っ払っていこうという白書です。単に白書をつくるだけでなく，図書館の現況を，利用を広げるという観点からチェックして，気がついたことがあれば是正していこうという活動が『東京の公共図書館』白書でした。これは東京だけでなく，2，3年遅れるが大阪でも同じような活動をして，72年には『大阪の公共図書館白書』を出しています。

　『市民の図書館』が出て貸出を伸ばすことが普及したと言われるが，必ずしも『市民の図書館』までじっと待っていたわけではなく，1967年，68年ぐらいからいろいろな取り組みがあります。

　私が司書講習の図書館活動の講義なんかでよくお話したのが，大牟田（市立図書館）の小柳屯さんが紹介してくれた，『朝日新聞』の「ひととき」1967年5月17日の投稿です。ひさしぶりに図書館に行って本を読み，借りて帰ろうと図書館員のところに行ったら，そこでがっくりしたという経験なんですね。受付でもらった閲覧票の職業欄に主婦がなく無職にマルをした。本を探すのは難しいがともかく手に入れて読み始める。帰りに受付で貸出証交付願いをいた

だくと，保証人の欄がある。保証人は主婦の方ではいけないでしょうか，友人なんですが，というと，図書館員は，主婦は無職だから駄目です，お隣の方でもいいのです，男の人でありさえすれば，という回答。

こういうことが60年代にはまだけっこうあったんですね。大阪府下のある図書館では，保証人の資格を「公職にあるもの」と決めていました。町内会長，自治会長，市政協力員とか学校の先生などは公職かもしれないが，民間会社の社長とか重役なんかは公職なのかどうか。東京の白書の中でも貸出を妨げているものとして，保証人，印鑑，身分証明書の問題とかあげていました。保証人が必要だとなると，申込書をもらって帰って，さっきの自治体のように公職規定なんかあると，普段おつきあいのない町内会長さんに，すみません私図書館で本を借りたいので保証人になってください，と頼みに行かないといけない。それを持って行って図書館に渡して貸出証交付願いを出すことになります。私が当時働いていた大阪市立図書館では，1967年まで保証人と印鑑が必要でした。保証人に書いてもらって図書館に持っていく，そのとき一緒に保証人宛てのハガキも1枚持っていく。図書館で館外利用の許可がおりると，保証人宛てにそのハガキを使って「図書の館外個人貸出ご通知」が発送されるので，保証人からそれを受け取って図書館に持参すると，住所等の記載の確認ができたということではじめて貸出券を発行してもらえました。なんとも丁寧というか慎重な手順を重ねたものです。私自身そういう図書館で働いていて，67年ごろにそれを変えるのにけっこうがんばりました。きちんと職場の中で話し合いをして，それを全体の合意にして初めてひとつの改善ができます。大阪市のような当時日本で最先端の図書館でも，3度足を運ばないと図書館から本を借りることができなかったのです。今思うと慚愧に耐えないという思いです。

こんな話を授業ですると学生が，そんなにしてまで図書館で本を借りる人がいたのですか，と聞きます。いや，おらんから日本の図書館は貸出が少なかったんや，という話をずいぶんしたことがあります。このへんは自分自身の基礎体験がありますから，若い人がそうらしいと話をするのとちょっと迫力が違うかもしれません。

もうひとつ，重要なデータを紹介します。あとで回覧しますが，1972年に図書館協会が『図書館白書』を初めてつくりました。その後図書館白書は7回ぐらい出しています。大阪で私などが主になってつくったものが2冊，92年と97年で，そのあと出てないが，これは図書館協会の大事な仕事だと思っています。この最初の『図書館白書』は浪江虔さんのお仕事だと思いますが，ここに，こういうグラフがあります。これはものすごく重要な歴史的証言です。

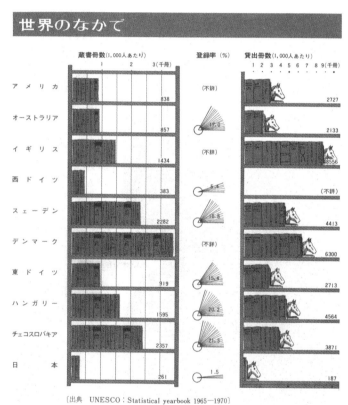

〔出典　UNESCO；Statistical yearbook 1965—1970〕
（『みんなに本を　図書館白書　1972』日本図書館協会編・刊）

　世界の中で，図書館が比較的進んでいると言われている国の全公共図書館の蔵書冊数，貸出冊数（1000人あたり）を棒グラフにしたものです。アメリカ，

オーストラリア，イギリス，西ドイツ，スウェーデン，デンマーク，東ドイツ，ハンガリー，チェコスロバキア。いちばん少ないのが日本で，けた違いに少ない。少ないだけじゃない，何が違うかというと，アメリカからチェコまでの各国は明らかに蔵書冊数を貸出冊数が相当程度に上回っています。要するに蔵書を少なくとも1回以上は館外に貸出している。これが世界の公共図書館の常識だということです。ところが日本だけは1971年度，蔵書が261，貸出が187で，蔵書が平均して1回も外へは出ていない。いかに日本の図書館が本を貸すことに慎重であったか，権威的で，館外貸出をするのは特別なはからいだといわんばかりの姿勢が強かったか，それを端的に示しているグラフです。

　翌年には日本の公共図書館のデータは，蔵書と貸出がパラレルになり，73年からはどんどん貸出のほうが増えていくわけですね。まさに日本の図書館の性格が劇的に変わったのが70年代初めなんです。そして，それは自然にそうなったわけではありません。人為的につくり出した変化です。

　委員会の設置，そして宣言改訂が進められた時期に，日本の公共図書館がどういうふうに動いていたか，どういう状況だったか，いくつか重要なことを紹介しました。

　小柳さんは，朝日の「ひととき」の投書欄のように，丁寧にそういうものを見つけ出して，それを図問研の会報に投稿して紹介することをやってくださいました。ご自分は大牟田の図書館で，なんとか貸出を伸ばそうという活動を，条件に恵まれない図書館の中でもやっていました。私も若いころ大牟田を訪ねて小柳さんからお話を聞きましたが，ずいぶん無茶なこともやっていました。閲覧室の中の柱を切って開架を広げたり，貸出のカードを整理するのに，当時はぽつぽつブラウン方式に移行しているような時期でしたが，カードを並べる箱を買うお金がないと，県立から使わなくなった箱をもらってきたりされた。涙ぐましいような努力をして図書館活動を推進された，そういう地方の典型的な代表的な図書館員だと思います。このあたりを50年史60年史ではぜひきっちりと記録にとどめてもらいたいと思います。

もうひとつ貴重な資料を紹介します。これは『図書館雑誌』の見出しですが、「これが公共図書館だ」というスポーツ新聞のトップのような見出しですね。『図書館雑誌』でこんな見出しをつけたのは私の知る限り今までこれいっぺんしかありません（61巻10号、1967.10）。日野市の図書館の

成果をまとめた特集で、いかに気負って、本を借りる市民がいることに感動したかを率直に表現したのがこの誌面です。レポートを書いたのは渡辺進さんという当時の高知市民図書館の館長さんです。日野の図書館を、われわれのパイオニアだ、その実践をそれぞれの現場の中で活かしていこう、という勢いみたいなものを示していると思います。図書館協会の意気込みであると同時に、日野の図書館を迎えた当時の図書館界の空気みたいなものを、この大きな見出しからぜひ読み取っていただきたいと思います。

　東京では、1970年に東京都の美濃部（亮吉）知事が図書館振興策をつくって、東京都下に市区町村図書館を整備するための補助金という政策を打ち出します。これに基づいて1970年代には東京都で急速に市区町村図書館が増設されます。

　国が全国の図書館に出した図書館振興の補助金がありました。70年に総額9千万円だったのが71年には5億円と5倍強になりました。これはちょっと異例だと思います。おひざもとの東京都で革新都政を標榜する美濃部さんが市区町村図書館に補助金を出して、急速に図書館が増えていく。一方、国は全国に対してはるかに少ない額しか出していない。これは国の沽券にかかわるというので、71年には一気に5億円に増額をし、その後80年代の終わりに補助金自身が消えてしまうまで増額が続いています。

　東京都の図書館振興策は、自治体の図書館整備施策として非常に画期的であり、注目を集めました。2, 3の県がそれに近いことを考えたけど、県がお金

を出すだけでできる話ではなく，市町村の図書館の方もいい図書館整備をやろうという姿勢を強く持って初めてそれが生きていくわけで，80年代の滋賀県を除くとあまりほかの県に波及はしませんでした。

そういう中で大阪府が1973年に大阪府の図書館振興策をつくりました。これは，私が大阪市立図書館を71年に辞めて大阪教育大学の教師になって，社会教育委員会議の仕事を引き受けたときでした。大阪府教委が社会教育委員会議で図書館振興策について検討し，社会教育委員会議は建議を出しました。同じころ，図問研大阪支部が72年に図書館白書をつくり，73年にそれを基にしてどういう図書館振興を図るか政策提言をしました。そこでは，「しんどいBM」を通して図書館振興を進めよう。やればやるほどいろんな反応が出てきてしんどくなるが，妥協せずに出てくるニーズにさらに応えようとがんばる。市民のニーズをどんどんと広げていくことにつながるような，そういうBMをやろうという提起をしました。大阪府教委はそれをほぼまるごと政策の中に反映しました。私が両者を結びつける役割を果たせたといってよいかと思います。大阪府下は未設置がまだ多かったんですが，まずBMから図書館を始めようと補助金を出すことにしました。この補助金をもらって図書館を始めたところが大阪にはたくさんあります。松原市や枚方市の図書館もそうで，全国的にも非常に注目された，図書館づくりのメッカのようになりました。非常に狭い県である大阪府に，BMがいちばんたくさんあるという面白い状況が生まれます。

大阪の図書館白書については，全国紙5紙全部が——大阪版ですけど——記事にしてくれました。4段，5段抜きの見出しで，「貧弱，大阪の公立図書館」，「全国で下から9位」と各紙が取り上げました。こういう取り上げ方は，この時期に文庫づくりの活動が盛んになっていく社会的雰囲気，それから図書館の状況，全国的に見て貧しいという状況を新聞も気づき出したわけですね。そういういい記事を書いてくれた，貴重な新聞のスクラップとして，私は今も手元に残しています。

文庫については，この年表で60年代の終わりに「ねりま文庫連絡会」が出てますが，そのころから方々で文庫が誕生しました。東村山の住民とともにつ

くる図書館がたいへん話題になりました。東の東村山，西の枚方とか松原，と当時よくいわれたもので，浪江虔さんが1972，73年の『朝日ジャーナル』に「ほんものの市民図書館誕生」「新しい市民運動」というような投稿を出されています。それが文庫活動をやっている人たちをたいへん励ましました。松原の図書館づくり運動の中心になった中川徳子さんは，浪江虔さんのラジオ放送を聞いて感激して，浪江さんと連絡をとって図書館運動に入っていきました，というようなことをおっしゃっていたと思います。1976年に図問研がこうした全国の運動をまとめて，『図書館づくり運動入門』(草土文化)を出しています。

　そんなふうに図書館づくりの機運が70年代を通じて醸成をされていった中で，「図書館の自由に関する宣言」は1954年にできたけど，何か事件があると思い出す，思い出すと宣言を再確認して，それで終わってしまっていたのです。
　そうした中で，1966年1月 (60巻1号) の『図書館雑誌』に村上清造さんが「忘れられたか図書館憲章」という記事を書かれています。1965年9月に公共図書館の地方行政資料をテーマにした研究集会があって，自治体が住民から訴えられているとき，住民の主張に都合のいい行政資料を図書館が住民に提供すべきかどうか論議になったんですね。図書館も役所の利益に従わんといかんから見せるべきじゃないと発言する人もあったと。それに対して富山県立図書館の萩沢 (稔) さんが，それはおかしい，図書館は市民が自分の関心に適うことについての資料を手に入れてそれを自分で読んで判断する，それが市役所にとって都合がいいか悪いかなんてことは，これは図書館が考慮すべきことではない。これこそ図書館の自由の問題じゃないか，と発言されたんですね。それを傍聴していた村上清造さん，富山薬専の戦前からのベテランの司書ですが，この人が，忘れてもらっちゃ困る，「図書館憲章」はときどき引っ張り出して再確認するものじゃなく，まさに，こういう問題を考えるときに立ち戻って考えなければ困る，と書いたんです。これは，宣言が採択されたけれども潜在してきた中で，数少ない顕在化した例だと思います。
　翌1967年が有名な練馬のテレビ事件です。練馬の図書館で「特別機動捜査隊」という刑事ものドラマ撮影の協力依頼がありました。当時，練馬はすでにブラ

ウン式の貸出を採用し，記録が残らない方式をやっています。ドラマでは刑事が貸出記録を調べに来て，図書館が積極的に協力をするというシナリオだったので，これは困るとそれを変更してもらおうとはたらきかけ，一定の修正を得ました。このとき，図書館の自由とはまさにこういう形で日常の中にあると気づいた，と練馬の図書館の人は言っています。

　このように，ようやく70年代が近づくあたりで図書館の自由の問題と日常との接点が見え出してきたことは，自由の問題が70年代に進んでいくための大事な助走であったと私は思います。

〇図書館活動の進展と図書館の自由の関連
　そういう当時の図書館の状況と図書館の自由が，どう関連するかをお話します。資料2の統計を見てください。

資料2　自由に関する文献数と図書館活動の関係

	1960	65	67	68	69	70	71	72	73	74	75	76	78	80
自由の文献数	5	4	4	0	15	27	5	5	88	85	78	111	124	153
100人当たり貸出冊数	ー	16	18	21	25	31	41	53	65	84	99	110	134	162

（『図書館の自由委員会の成立と「図書館の自由に関する宣言」改訂』p.23 より）

　このデータは，『知る自由の保障と図書館』という本を書いたときに，自由委員会がつくってくれた大変詳細な文献目録の年度ごとの文献数と，さっき取り上げた市区町村立図書館の貸出密度を比べたものです。

　60年代は，貸出密度（100人当たり貸出冊数）が18とか21とかで，図書館から本を借りる人はほとんどいなかった時期です。それが70年代になると71年，72年で蔵書冊数との逆転が起き，そこから先はどんどん貸出が増えていくわけです。こういう貸出の増加と，自由に関する文献件数を比べてみたのです。60年代は，5，4，4，0ですが，この中には『チャタレイ夫人の恋人』問題など表現の自由に関するものがかなりありますから，図書館に引き寄せた文献となるとほとんどなかったといっても過言ではないと思います。69年，70年に

ちょっと増えますが，これは東京の有三青少年文庫の選定問題があったのと，藤原弘達の『創価学会を斬る』関係のものがかなりあるので，図書館との直接の関係とはまだちょっと違いますね。73年になって山口（県立図書館）問題が出てきて，自由に関する文献は以後うなぎのぼりに増えていきます。

　おおまかな比較ですけれども，日本の公共図書館が，少なくとも蔵書冊数を上回る程度の貸出をして，世界の図書館の常識と同じになるような状況にならなければ，図書館の自由なんてものは，小難しいことをいう人の趣味みたいなレベルを越えなかったかもしれない。図書館活動そのもの，図書館員ひとりひとりが目標を持って意識的に取り組もうという活動の成果進展の中で，はじめて図書館の自由がリアリティを持つようになったといえましょう。

　ここで，私がこの本を書き終えた段階でミスだったなあと思ったことを一点触れておきたいと思います。

　70年ぐらいの時期，図書館の自由について論文を書いた人は，5，6人ぐらいしかいなかった中で，1970年，図書館問題研究会の会報に転載された直井勝さんの文献「読書の自由を守ろう－私の失敗から」のことです。『図書館の自由』3集（1980年）に収録してあります。直井さんは，当時は大阪市立中央で私の同僚であり，のちに兵庫県滝野町の図書館でたいへんいい図書館活動をやりました。彼はカウンターでの利用者とのやりとりを非常に大事にしていました。座席利用に来る高校生に「こんにちは」とあいさつして，利用者に気軽に声をかけて話しかける，そういうことを非常に重視していました。初めに大阪支部報に書いたのは1968年ぐらいです。彼は，督促の電話で家族に書名を伝えることや，利用者から子どもが図書館に来ているか調べてくれという依頼について，果たして公開すべき情報かどうか，その時点ですでに考えていたんですね。読書の自由を守ろうと自分の体験の中から書いている。こういうことを書ける図書館員が出

好評発売中！！

no.9 現代日本図書館年表 1945－2020

1945年の太平洋戦争終結から2020年までの日本国内の図書館に関する出来事を簡潔にまとめた年表。75年間の図書館の成長や動きを俯瞰的に知り、現状を分析・把握するのに役立つ一冊。図書館に関する評価し、将来に向けた構想につなげる内容です。

ISBN 978-4-8204-2114-6

no.10 図書館法の原点から図書館の使命を問うを考える

塩見昇氏と山口源治郎氏の図書館法制定70周年記念講演と対談記録。2020年12月の全国図書館大会分科会における図書館法制定70年目の展開を簡略に示し、備えの一冊。図書館法を考えるときに必須の略年表と図版も収録。

ISBN 978-4-8204-2206-8

no.11 学校図書館とマンガ

「学校図書館にマンガのなぜマンガを高く評価され、マンガ導入を訴える一冊でする」「学校図書館にマンガがなぜ必要か（理論編）」等の章を通じて、学校図書館にマンガを導入する意義を解説をぜひ学校図書館の蔵書に。海外でもマンガの書の章も。

ISBN 978-4-8204-2208-2

no.12 非正規雇用職員セミナー「図書館で働く女性非正規雇用職員」講演録

公共図書館で働く非正規雇用職員の問題を取り上げたセミナーの記録。非正規雇用職員の現状や課題に焦点を当てて、講演や報告、参加者の意見交換を大きく一歩となる書です。考える書です。

ISBN 978-4-8204-2209-9

no.13 図書館資料の保存と修理 その基本的な考え方と手法

日本図書館協会資料保存委員会委員長であり、東京都立中央図書館で長年資料保存業務に携わってきた著者が全国各地で講師を務めた研修会での「講義録」。その真意をコンパクトにまとめ、資料保存の実践語つつ、資料保存の意義を確認できる好著であり。

ISBN 978-4-8204-2218-1

図書館等公衆送信サービスを行うための「特定図書

JLA Booklet 既刊19冊 好評発売

no.8 やってみよう資料保存

図書館の資料についてカビや虫害など資料の取り扱いや利用で保障する基本解説書。分かりやすくてカビ対処法などを、災害時の対策も保存の基本から学べる入門書。資料保存対策に取り組むための必読書。ところから資料保存。

ISBN 978-4-8204-2109-2

no.7 「図書館政策セミナー 公立図書館の所管問題を考える」講演録

2019年3月開催の図書館政策セミナー講演録。公立図書館の首長部局への移管に伴う懸念から、自治体教育委員会、首長部局の役割や社会教育施設の重要性を考察する一冊。運営や社会教育の重要性を考察する一冊。指定管理者制度・教育委員会の役割や社会問題点。

ISBN 978-4-8204-2007-1

no.6 水濡れから図書館資料を救おう！

「水濡れ」対策の厄介な水損への対応方法など要点を詳しく紹介大規模災害時の対応。図書館の水害事例も収録。貴重な情報源となる一冊。前対策の重要性や大災害時の救出方法など要点を詳しく。陸前高田市立図書館の被災資料に関わる人々の事。

ISBN 978-4-8204-1907-5

no.5 図書館システムのデータ移行問題検討会報告書

新システムへのデータ移行において出力データ2018年12月17日の中で行われるパスワードワールド学習会の記録案。収録。システム変更に伴うパスワードの移行の現状と課題をシステム化を提案。解説。

ISBN 978-4-8204-1905-1

no.4 「法的視点から見た図書館と指定管理者制度の諸問題」講演録

指定管理者制度と法的視点からの諸問題館長と専門職員の視点からの提起。図書館法律専門家の提起の視点からデメリットを明示し、制度導入に疑問を抱く人必読の書。入についての必読の書。法的関係や制度導入要件などを検証。にとって制度導入に関わる全ての人に。

ISBN 978-4-8204-1812-2

no. 1979年改訂のころ

宣言の改訂に直接かかわられた方の貴重な証言から、当時の状況と現場の雰囲気などがよく伝わってくる一冊。

ISBN 978-4-8204-

てきたことを私はとても大事なことだと思っています。

　直井さんはその後，滝野町でも一貫してそういうプリンシプルの図書館活動をして，今もなお，現役じゃなくてもそういう図書館人としてがんばっています。こういう例はきちんと触れておかないといけなかったと後で思いました。

○大学，学校図書館にとっては

　最後に，大学図書館，学校図書館ではどうだったのかについて触れておきます。

　「図書館の自由に関する宣言」は，1952年に埼玉から憲章をつくってほしいと申し入れがあって，図書館協会が役員会で検討して——たぶん有山（崧）さんがかなり主導したと思いますけれど——，図書館憲章草案が52年にまず公表されます。それが出たのちに総会（1953年6月，『図書館雑誌』47巻7号，1953.7）の中で，小野則秋さん（同志社大学の図書館学の先生）が，この憲章に反対という立場から，この文書で図書館というのはいったいどの図書館を考えているのか，公共図書館のことか，あらゆる図書館を対象にしているのか，と質問するわけです。のちに"基本的に妥当する"というように表現することになる問題です。それに対してこの憲章案をまとめ，提案した韮塚一三郎さん（埼玉県立図書館長）が，これは公共図書館のことだとはっきり言っています。たしかに図書館の中立性を検討するあたりの一連の流れは，公共図書館のことしか話題になっていません。大学図書館や学校図書館の人が何か言ったということもありません。韮塚さんは，これは当然公共図書館のことを考えていますと言って，ちょっと妙な説明ですが，「大学図書館には大学の自治があり，学校の図書館には教育基本法がある。それに対して公共図書館にはそういう規制がない」と言ってるんです。「学校図書館には教育基本法があり，大学には学問の自由が認められている。公共図書館はわれわれと直接的なもの。この憲章の対象は公共図書館と考えている」と答弁しているわけです。

　今回の改訂のときには，いちばん最初に委員会がまとめた「副文案の問題点と改正の大綱」の文章に，従来の宣言は公共図書館を主として考えているように見えるけれども，当然図書館協会がつくる文書だからすべての図書館を対象

にして考えるということを重視したい，と提起しています。それがいろいろな経過があって，"基本的に妥当する"という例の文章になっていくわけです。

　大学図書館の場合，1970年ごろは学生運動の盛んだった時期，あるいはちょっと収束に入ったくらいの時期になります。方々の大学で学生が暴れている時代で，大学図書館でバリケードの対象になったところが多くありました。そのころ，大学図書館盲腸説というのがささやかれました。大学図書館は大学にとって心臓のような大事なものだ，止まったら生きていけなくなると言われてきたけれど，学生がバリケードで占拠して長期間図書館が使えなくても，困るという声がどこからも出てこない。我々は心臓だと思ってたけど実は盲腸ではなかったか。盲腸はあってもなくてもいいようなもので，しかしこじらすと命に係わるから早目に切ってしまった方がいい。こういう自嘲的な議論が大学紛争の中で出てくるんです。そして大学図書館の非常に弱かったところは，大学図書館は自分で選書しない図書館が多かったんですね。資料費を先生が握ってしまっているから，図書館が本を選ぶことが非常に少ない。だから，いかに図書館員の主体性を取り戻すかというのがずいぶん議論になりました。それからこの時期の大学図書館員の意識の中に，学生サービスを重視しないといけないということが出てきました。

　こういう声が集まって，1969年に図問研の中に大学図書館の問題を語る会が発足し，70年に大学図書館問題研究会（大図研）が誕生するわけです。宣言改訂の検討が大図研が発足してわりあい早い時期だったこともあって，われわれのメンバーの酒井さんが尽力した部分が大きかっただろうと私は思っていますけれど，大図研の大会とか分科会の中でこの改訂案の議論をずいぶんやってくれたんですね。そして大学図書館ならではの意見を出してもらったと思います。この点，図問研は最初の経過からずっと主導的にかかわってますが，大会の中でこの改訂案を議論することはあまりやらなかったような気がします。

　学校図書館では，図問研の中にいる学校図書館関係者が，学校図書館も図書館だという立場で図書館運動を考えようと，3年から4年ぐらい準備期間を重

ねて1985年に学校図書館問題研究会が発足します。図書館協会レベルでは，それまで開店休業だった学校図書館部会がやっと再開したのが70年です。ただし，学校図書館部会は東京の専任の司書教諭が中心で，図書館の自由については関心がそれほど強くなかったためか，宣言改訂の中では学校図書館からの参加はほとんどなかった，参加できる人がいなかったということだと思います。

　この，"基本的に妥当する"というのは，専門図書館と学校図書館を主要に対象として意識していたと思います。学校図書館に関しては，結果的には私が学校図書館の立場を代弁するみたいな形で，この"基本的に妥当する"というのは学校図書館もあたる，どうあたるかはこれからの実践の中で試されるというようなことを言いました。2年ほどしたら愛知の県立高校の禁書問題が出てきましたから，まさに，学校図書館も図書館として図書館の自由が重要だと言われるようになります。

●委員会の設置と宣言改訂はどのように進められたか

　最後に，こういう図書館状況の中で，委員会の設置と宣言改訂がどのように行われたかを簡単にお話します。

　自由委員会をつくろうという声は従来から何回かあがっていて，議論はあったけどなかなか結果には結びつかなかったんですね。そこへ山口問題を契機に図問研がたいへんがんばったし，大図研がこれに協力をして，図書館づくりの関係者をまきこんで，図書館協会に委員会設置をはたらきかけました。そして，協会の役員会で議論するわけですが，最初は，自由委員会は何をするのかという懸念がたいへん強くありました。委員会が独自に行動へ突っ走るのではないか，図問研が協会を乗っ取って何かやるんじゃないかというような懸念を常務理事の人たちがお持ちだったのかもしれません。もうひとつは，当時，『目黒区史』をはじめとして部落問題関係の資料の扱いについて，かなりシビアな状況が出てきていました。そういう問題を図書館協会が取り上げたら部落解放運動との摩擦が生ずるだろうが，図書館協会は受けて立てるのかということもありました。そして，常務理事は概してたいへん慎重，評議員はやるべきだとい

う感じで議論が進み，設置検討の是非を考える委員会をつくるという持って回った手順を踏んで，そこが結論を出して自由委員会ができました。

自由委員会の役割は，自由に関する宣言の"維持発展をはかる"と委員会規程に書いています。維持発展のためには，現実の問題の中で自由宣言が有効に生きていく，機能するように宣言自身を現代風にアレンジをする，具体的には副文案を手直しして再生することが必要だと早い段階で意思統一されました。それを委員会の最初の仕事として取り上げ，最初は副文の第1草案，第2草案を検討しました。検討する中で，主文にも少し手を入れたらどうか，もうちょっと幅を広げたらどうかとなり，主文を含めた宣言改訂という話が進んで，最終的には1979年改訂の宣言になったということになります。

今日はもう時間がありません。また3月にも話をすることになっていますから，残った問題，その後の課題などはそちらに引き継いでお話ししてもいいかと思います。終わります。

● 質疑

山本昭和：椙山女学院大学の山本です。もっと聞きたかったので質問をします。自由委員会をつくる委員会とか自由委員会ができたときの，塩見先生の役割，事実関係をお教えください。

塩見：私自身は，自由委員会をつくろうという検討委員会の設置を決めるところまでは，あまり前に出てやっておりません。69年から72年に図問研の常任委員会をやって，その翌年関東にバトンタッチ，名古屋で図問研の大会をやったときに山口（県立図書館）問題が顕在化しました。新しい常任委員会，酒川玲子さんにバトンタッチする中で，委員会をつくろうというはたらきかけを図書館協会にする部分では酒川さんが

いちばん中心になっていたと思います。伊藤松彦さんと私が，図書館員の問題調査研究委員会から推薦されて検討委員会のメンバーに入りました。私は職員委員会の委員ではなかったが，自由の問題に関心の強い人，それに関西からという判断もあったと思います。検討委員会の中では，たとえば関西で部落問題の関係で討論集会をするようなことを森（耕一）さんと相談しながら具体化しました。委員会が発足した段階から委員となり，当初は近畿と関東の地区小委員会があって，私は近畿地区小委員会の委員，最初の3年ほどは近畿地区の委員長をしました。日図協の役員，委員としてかかわりを始めるのはこの検討委員会の段階からです（講演者略歴参照　p.77）。

西村一夫：先ほどお話にも出していただきました，元松原市民図書館の西村です。この本の中で，副文を再生しようという過程の中で，主文を改訂することになった，3項目が4項目になったのはどういう流れだったのかの部分に興味を持って読みました。最初，副文改訂しかしないということだったのが，日図協の理事会や評議員会で検討する中で四つ目を加えた，その大きな力，どのあたりでみなさんの思いが変わっていったのかをお話いただきたい。

塩見：利用者の秘密のところですね。
　当初は，副文を再生することで出発した。副文は，1950年代という早い時期にわれわれの先輩がこれだけのものをつくったということでは大いに敬意を表し，できるだけそれを尊重したい，しかし，どうしても今の状況とは合わない部分についてはさわらざるを得ないであろう，というようなところが当初のスタンスだったと思います。
　その中で当然，矛盾が出てくるわけです。特に，主文の中で"民衆"とあって，そして副文の中では"国民"とあるが，どう違うんだ，やっぱり早晩変えざるを得ないのではないか。不当な検閲の"不当な"という問題もそうです。いずれ主文をさわらなきゃいけない時期が必ず来るだろうというのは，議論の中でかなり初期から意識されていたと思います。
　利用者の秘密を守るという部分については，公開の議論の中で出てきたとい

うよりも，委員会の中で積み上げてきた議論の結果として，これは主文の中にはっきりと立てるべきだとなりました。公開の検討会等の中で，利用者の秘密を守るというのをぜひ主文にすべしという意見は，私はあまり記憶にないし，記録にもなかったと思います。この当時，差別表現と利用者の秘密をめぐっていろんな問題が出てきてるわけですから，今の時期に宣言の改訂をするとすれば，これを含めないと意味がないということだったはずです。

馬場俊明：馬場です。無職です。東村山市立図書館条例の中に利用者の秘密を守るというのがあって，これが1974年ですが，その影響はなかったのですか。そのときに川島さんという方が書いておられます（川島恭子「「利用者の秘密を守る義務」条例制定をめぐって－図書館の自由についての東京都の職員研修会より」『現代の図書館』13巻4号，1975.12）。それが委員会にかなり影響があったように，私は受け取っているんですが。

塩見：当然，たいへん大きかったと思います。朝日新聞が東村山のことを住民運動の中の図書館と取り上げた社説あるいは論説記事を出してくれた。そのことは当然，利用者の秘密を大事にする図書館ということにつながるし，住民の人たちがそういう観点から図書館というものを考えるようになった，というのは画期的なことだと委員会は受けとめました。酒井さんが副文検討を呼びかけた最初の大会（1976年）の中で提案説明をするとき，そのことに触れています。

田中敦司（司会）：塩見先生，貴重なお話をどうもありがとうございました。

第 2 部

塩見昇氏出版記念講演会
いま,この時代に自由宣言の意義を捉えなおす
－79 年改訂を通して自由宣言の意義,課題を考える－
『図書館の自由委員会の成立と「図書館の自由に関する宣言」改訂』
出版記念

主催:日本図書館協会図書館の自由委員会
期日:2018 年 3 月 23 日(金)
会場:日本図書館協会　研修室
参加者:76 人

いま，この時代に自由宣言の意義を捉えなおす
－79年改訂を通して自由宣言の意義，課題を考える－

● はじめに　前回（大阪）講演を継いで

　皆さんこんばんは，ご紹介の塩見です。2017年の12月に『図書館の自由委員会の成立と「図書館の自由に関する宣言」改訂』を1冊にまとめて刊行しました。これには私自身深くかかわったということと，一緒に仕事した方，だいたい私よりひとまわりくらい上の

世代の方々とこの仕事をすることが多かったのですが，その方たちがどんどんと亡くなられているということもあって，今の時期に私が書いておかんといかんだろうなと近年強く思っていましたので，2年ほどかけて12月末に出すことができました。自由委員会で，それに関係する話の機会を2度設定するという企画をしていただいたので，今日その2回目ですが，久しぶりにここで話す機会を得て，大変ありがたいと思っています。
　5枚ほど綴じたものをお手元に配ってもらっています。1，2，3が今日お話しようと思っていることの筋立てで，4，5はそのことに関係する事柄を年表という形でつくっておきました。前回大阪でお配りした略年表に後半，いくつかのことを膨らませた資料ですので，ご覧いただきながらお聞きいただけたらと思います。
　大阪のときには「改訂のころ」という講演のタイトルをいただいていたので，

委員会の成立から宣言改訂のころ，およそ1970年代がどんな図書館状況にあったのか，そういうことがなされた当時の図書館の状況を中心にお話しました。そのことによって，1970年代の公共図書館の発展・変化を通して，自由の問題がどのように顕在化してきたか，リアリティを持ってきたかを主としてお伝えしようと思ったので，宣言の改訂それ自体についてはあまりお話しできておりません。

今日は，そこから続くような話になろうかと思いますが，本のタイトルである，自由の委員会がどのように成立し，宣言改訂がいかに行われたかを前半お話しし，どういう論議の中から1979年の改訂に至ったか，議論の焦点になったこと，あるいはそのことがどのように社会的に評価をされ，受け止められたか。そして，最後に「宣言のこれから」ということについても話してほしいということですので，あんまり私が踏み込んで取り上げる話ではなかろうなと今も若干，躊躇しながらですけれども，宣言の残した課題についてもお話をするというのが今日の話の内容と考えています。

夜の時間，昼間の代議員総会からの続きの方はお疲れかと思いますし，夜まだまだ冷える時期ですが，8時までの1時間半お話しし，あと30分ほど，皆さんとやりとりができればいいのかなと思っていますので，お付き合いいただけたらと思います。

●自由委員会の設置

まず，自由委員会の設置からお話します。1954年にいわゆる主文といわれる柱立ての部分だけを採択して制定されたのが「図書館の自由に関する宣言」ですが，長年にわたって何かコトが起こったときに思い出されるという存在に留まってきました。何かあると全国図書館大会や日本図書館協会（日図協）の総会で「図書館の自由に関する宣言」を再確認しましょう，ということを何度か重ねてきているわけなんです。そういうときに，図書館の自由についてもっぱら取り扱う専門の委員会を日図協でつくるべきではないかという議論も，合わせて幾度か行われてきました。

最も古くは、1952年に始まるいわゆる「中立性論議」の中で、『図書館雑誌』1953年6月号（47巻6号）に東京大学の裏田武夫さんが「図書館員の立場」という論文を書いて、図書館員が司書の専門家として仕事をしていく、あるいは社会的に評価をされるようになっていくためには、アメリカにあるような知的自由を擁護する委員会をつくることが必要だということを提起していらっしゃる。その後、何かコトが起こると、そういう委員会がないとだめだ、委員会で普段から図書館の自由の問題について情報を集めたり、議論をしたりする場を持つことが必要だということが言われてきましたけれども、それ以上の前進はなく、長年にわたって一つの目標というか、お題目みたいな形で年数が推移したということがあります。

○直接の契機
　委員会設置がいよいよ動くことになった直接の契機は、1973年8月末に顕在化した山口県立図書館における蔵書封印事件です。この事件の大きな特徴は、自らが必要とした本を使おうと思ったら、あるはずの本が書架にない、その異常に気づいた一利用者、具体的には林健二さんというキリスト教の牧師さんですけれども、職員に聞いたら「誰かが使っているんじゃないでしょうか」という。次の日の朝一番に行ってもやっぱりないと。直接求めた本がないもんだから、代わりに他の本もいくつか探していくとどれもないということで、これはちょっとおかしいのではないかと。誰かが、自分が必要とするような類の本を意図的に隠したのではないかということで、真相を新聞社に確かめてもらおうと持ちかけたわけですね。それで新聞社が図書館に取材をするという形で顕在化したわけです。翌日、『朝日新聞』、『毎日新聞』に大きな見出しで、管理職が反体制的な本を隠したと、いわゆる蔵書封印事件ということが出てくるんです。
　その半月ほどあと、9月15日から17日に図書館問題研究会（図問研）の全国大会が名古屋であり、山口県立図書館の阿部葆一さんという司書の方が参加をして、蔵書封印事件についての顛末、状況を報告されたというのが、図書館界にこの件が伝えられた最初だったと思います。私もこの場に参加していて直接事件のことを聞いて、たいへん衝撃を受けると同時に、大きな関心を寄せた

ことを，45年ほど経ちますけれども，まだ非常にリアルに覚えております。
　このころは公共図書館のありようがだんだんと広く市民の身近になりつつあった時期で，利用者が自分の必要な本を求める，それに対して応えるのが図書館だという，図書館の資料提供のはたらきが，だんだんと形を成してきていました。もちろん昔から図書館は利用者が求めるものを提供するわけですが，そのことに非常に大きな積極的な意味を持たせて，徹底して利用者の求めに応える，そういう活動に図書館が大きく一歩二歩，歩を進めるというときに，いわば利用者の求めに蓋をする封印事件が起きたものですから，これは図書館のありように照らして非常に大きな問題だと。そこから，図書館界としてこの種の問題に対して，対社会的に一定の意志とか立場を表明する，あるいはどのようにこの種の問題に対応していくかということを，図書館界の意志として示していくために，日図協がこの問題についてしっかりと対処していくことが必要だという声が高まり，そのことについて図問研や大学図書館問題研究会（大図研）がはたらきかけをしたというのが73年秋の話です。この時期，いちばん中心になってがんばったのは，当時，図問研の委員長だった酒川玲子さんでした。

○慎重な手順を重ねた設置の是非にかかる検討の過程
　いろいろな前段の動きはあったんですけれども，10月に高知で開かれた全国図書館大会ではあまり積極的な動きになることはなく，これまでのように，宣言を再確認するということで終わったんです。それではすまないのではないかということで，委員会をつくること，あるいは図書館界として，山口問題をどう受け止めて世の中に対して意志を示すか，ということが課題になったものですから，日図協の課題としてはたらきかけていく必要があるとなっていくわけです。その中から自由の委員会をつくるという動きが具体化し，最終的には結実することになっていきました。
　日図協としての判断をとなると，協会の常務理事会，評議員会が重要な判断をする場になりますので，そこに向けて自由の委員会を設置するかしないかの議論を数か月間積み上げていきました。役員会で判断するわけですけれども，慎重な議論を重ねざるを得ないということがありました。直ちに結論に至りに

くいものですから，自由の委員会を設置することに関する検討の場を設け，設置することが是か否かということを十分議論をして，役員会に出してもらったらどうか，という妥協的な展開があって，そういう委員会がつくられることになりました。私も推されてその検討委員会のメンバーに加わりました。その委員会がどう議論を重ねていったかというあたりは，今回の本の中のひとつの重要なテーマになっているので，ぜひご覧いただきたいと思います。役員会や検討委員会を通じて，常務理事のメンバーは概して非常に慎重な立場，見解をとった。それに対して評議員は，この件は宣言が採択された1954年段階で日図協に託されていた課題であり，それがずっと持ち越されてきてやっと顕在化したので今こそやるべきだという意見が多く，慎重な常務理事と，積極的な評議員という構図で議論が進んでいくわけです。

　その中で出された危惧のひとつは，委員会が何かコトが起こったときになぜこうなったのか，誰が責任をどうとるのか，世の中に対してどういうふうに申し開きをするのか等々の行動をすることに突っ走ることになるのではないかという懸念で，特に常務理事会の中ではそれが強かったように思います。どこかの図書館でコトが起こったとき，その図書館は日図協の施設会員でもあるわけですね。仲間である会員の問題を裁くことを協会自身が行うことはいかがなものかというためらい，躊躇が強かった。

　もうひとつ，この時期の大きな問題としては，当時顕在化しつつあった，いわゆる差別にかかわる本の扱い，特に部落差別の問題ですね。部落解放運動とのかかわりの中でそういう本をどう扱うかということが，少なからずの図書館で大きく深刻な問題になってきている時期でした。ひとつの象徴的な出来事として，1973年11月，東京都目黒区がつくった『目黒区史』という地方史の中に，昔の「壬申戸籍」という現在の部落差別につながる記述があり，その回収問題が起きました。このことに象徴されるような部落差別にかかわる本の扱いが，特に西日本の図書館で深刻な問題になっていました。解放運動の進め方をめぐる運動体自身の対立もあり，自由の委員会をつくって，そのことを扱うことに日図協が立ち上がるとなると，この問題ともろに向き合うことになるだろう，果たして対処できるのかという危惧がたいへん強かった。そこで，委員会を設

置することが是か否かを検討する委員会をつくり，検討をして，その結果を役員会にかけるという，日図協ではあまり例をみない慎重な手順を踏むことになりました。

　5回の委員会の過程で，近畿のいくつかの公共図書館に協会から依頼を出して，図書館現場における部落問題に関係する資料の扱いについての経験を出していただく懇談会を間にはさみながら，設置の可否を検討しました。最終的には設置することが必要という結論に至り，1974年の11月に臨時役員会を開いて，自由委員会の設置を決めました。

○「調査委員会」としての発足

　現在は「図書館の自由委員会」という名称に変わっていますが，当初は「図書館の自由に関する調査委員会」という名称で，「調査」という言葉をあえて委員会名に入れたことに，行動する委員会ではないという，委員会が一人歩きして，行動に走ってもらっては困るという，当時の常務理事会の配慮，危惧が反映しているのではないかと思われます。

　1974年11月に自由委員会設置が承認されて，まず首都圏と関西に地区小委員会をつくり，具体的な活動を始め，その成果の積み上げの中から全国委員会をつくっていくという段取りを踏むことになって，75年3月から東西の委員会が活動を始めます。地区小委員会では，事実に即した事例研究を重ねていくことで，まず委員会が勉強会的に力をつけていくことを活動の中心に据えることになりました。同時に東西の小委員会がお互いの活動内容をよく理解し合い，共通の課題をその中から見出していくことを重視し，関東の小委員会は伊藤松彦さんから酒川玲子さんに引き継ぎ，関西は私が小委員会の委員長を務め，月1回の例会について詳細な記録をつくり，両委員会の間で丁寧に情報交換をしました。

　勉強会，情報交換を中心とした地区の小委員会に加えて，共通の課題を考えていく東西合同連絡会をなるべく多く開くようにし，それらを中心にして自由の委員会は1975年の3月から活動していくわけです。

●宣言改訂の軌跡

○副文の再生として始動

　1年くらいそういうスタイルの活動が続いていくわけですが，事例研究をやっていくと，考えの根っこにあるのは当然宣言なわけですが，宣言は7行か8行くらいの骨組みだけなものですから，実際に起きた事柄についての対応を判断する拠りどころにするには不十分だということがはっきりしてきます。

　1954年に宣言が提案された段階で当初は，主文に対して副文という解説文のようなものがセットになっていたんですが，大会・総会では副文の説明的な部分はすべて棚上げしてしまって，主文だけが検討対象になり，2日間議論してやっと採択されたのです。このあとの展開は日図協がしっかりやりなさいということが大会の決定だったわけなんですね。しかしその後，結局何もできなかった。そこで副文を全体的に蘇らせる「副文の再生」ということをなんとしてもやらんといかんというのが，初年度の両地区の委員会活動の中から必要な課題として浮かび上がってきました。合同連絡会でその問題を委員会として取り上げていく必要があると決定したのが1976年5月で，発足から1年くらい経ってからです。

○「副文案の問題点と改正の大綱」の提起

　宣言改訂の取り組みは1976年の5月から始まり，1979年まで正味3年ほどかかるわけですが，この経緯の中で大きな節目が二つあります。一つは1976年の9月，『図書館雑誌』(70巻9号)に「副文案の問題点と改正の大綱」という委員会名の文書を掲載したこと。これは委員会が委員会の名前で公表した最初の文書で，1954年当時棚上げになった副文案の問題点を合同連絡会で洗い出し，手直しが必要であろうと思われる個所を整理したものです。

　そこから1年半ほど検討を重ねる中で，もう1年結論を出すのを先に伸ばそう，その代わりそれまで副文を再生するということでやってきたが，主文の一部も手直ししてもいいのでは，むしろ手直しすべきではという方向性が評議員会で出てきます。その結果，1978年8月に主文の一部修正を含む改訂第1次

案がつくられました。これが二つ目です。この段階で1979年改訂宣言にかなり近いものが出たことになるだろうなと思います。

　この二つの文章はこの本の巻末資料に原文そのものを掲載していますので，ぜひ一度はお目通しをいただけるといいかと思います。

○宣言改訂の過程のポイント

　ちょっと話を戻し，3年間にわたる宣言改訂の過程のポイントをお話したい。最初は，副文の再生として手をつけ，主文にはさわらないということを大前提に出発したものですから，どうしてもそこには無理があるわけです。例えば「民衆」という言葉が元の宣言にあります。1950年代にはごく一般的な言葉で，事実そういう言葉がふさわしかったと思いますが，1970年代後半で使う言葉としては，なじまないのは確かでした。そこでとりあえずは「国民」とか「住民」とか「市民」とか，という言葉が想定できるわけですが，副文で「国民」，主文は「民衆」という言葉が残る，その辺のところはいずれさわらないと仕方がないかなと。そうした主文と副文のズレみたいなものはありつつ，まずは副文を現代的に再生するという課題に集中してやることになりました。

　そうしてまとめた「副文案の問題点と改正の大綱」という文書を『図書館雑誌』1976年9月号（70巻9号）に載せ，全体でオープンに議論をする最初の場がその年の全国図書館大会で，「読書の自由と図書館」という自由の問題を扱う分科会を初めて設けました。

　第1回目の分科会は，これまで図書館員の問題調査研究委員会が担当してきた分科会にドッキングしてやりました。結果的には，自由のテーマをもっぱらにし，最後に図書館員の問題調査研究委員会の委員長の久保輝巳さんが図書館員の倫理綱領についての提案をされるという，図書館員の分科会を自由の委員会が乗っ取ったみたいな構成になりました。

　その後，副文案の検討は，全国図書館大会をメインの公開の検討会としました。それ以外にも，委員会が検討会や，意見を聴取する会を設定し，県の協会，図書館単位，図問研，大図研だとか既存の研究団体に，副文案についての検討の機会をできるだけ幅広く持ってほしいと呼びかけ，委員も極力参加し，その

結果を委員会に持ち寄った。副文第一草案を公表して意見を出してもらうことによって，副文第二草案に発展させ，オープンの会議と委員会の文案づくり，それを公開して検討してもらい持ち寄って手直しをするという形を，宣言改訂のプロセスの大きな流れにして進めてきたということがありました。

副文第一草案，第二草案，主文にも手をつけることになった段階で，主文の改訂第1次案，改訂第2次案と積み上げ，これが最終的な改訂案になっていくわけですが，大きな文案として4回の提案を委員会から『図書館雑誌』を通じて会員全体に提示した。その積み重ねが正味3年間になりました。

○主文を含めた改訂へ

委員会としては当初1978年5月の役員会で決めたいと進めてきたんですけれども，もう少し議論をする必要があるのではないか，あるいはよりいっそう多くの人たちがこの検討に参加する機会を持つべきだという意見もあり，結論をもう1年持ち越そう，それ以上は延ばさない代わりに主文の一部に手をつけたほうがいいんじゃないか，あまり齟齬が目立つ形でつなぎ合わせるのはやっぱりまずいのではないかということで，主文の一部にも手をつけることにしたのが1978年3月の理事・評議員による合同検討会でした。

もちろん主文の改訂も必要最低限に止めることが大前提でありますが，新たな課題を盛り込んで作業を進めるため，全体の委員長として森耕一さん，近畿の小委員会の中から委員を3人加えて起草委員会をつくりました。それまで実質，両小委員会で審議をしてきたのですが，その年の1月に全国委員会が新たに発足したので，全国委員会を軸にしながら起草委員会がそこに文案を提示し，東西小委員会で実質的な審議をするというやり方にその段階で変わっていきました。

委員長の森さんと，酒井忠志さん，石塚栄二さん，そして私という4名が，新しい1979年の改訂案の文案づくりをする。一から文章をつくるというより，副文については相当程度集約が進んできているので，主文について最小限どういう手直しをする必要があるかということを検討すること，二つをつなぐことに伴う整合性をつけるという新しい課題に起草委員会は取り組みました。

○改訂第1次案から1979年改定案へ

新たに主文に手をつける内容として、「図書館は、利用者の秘密を守る」を第3項に新設し、第4項の検閲について「不当な」を削除することが、早期に合意されます。

改訂第1次案を『図書館雑誌』1978年8月号（72巻8号）に載せ、意見のある人は文章化した代案をつけてどうすべきかを具体的に提起をしてもらいました。たくさんの方から項目にして300〜400出され、それらを一つひとつ、起草委員会、委員会で丁寧に検討して、改訂第2次案をつくりました。第2次案についても意見を募って、役員会に出す最終案に結びつけていったのが1979年の2月、3月の段階になります。

○総会における議決と大会での支持決議

結論を出す場のことは、大きな論議になったわけではないんですが、宣言の改訂を全国図書館大会でやるのか総会でやるのかということがありました。1954年宣言は、図書館大会で決めているわけです。大会で決めた宣言の改訂だから、やはり大会でやるべきではないかという意見を出された方もいらっしゃいました。しかし大会というのは論議の場で、行動する手足があるわけではないわけです。自由に関する宣言は、その精神で図書館活動をどう具体化していくか、いろんな問題に対してどう対処していくか、これは手足を伴った組織がやるのが筋ではないかということで、割合早くに委員会の中では決着していました。森委員長が最終的な提案の中で、日図協という組織が、自由委員会を持っているわけですから、その組織の意思決定として宣言を改訂し、大会はその考え方を支持し、より社会に向けて広げていくという場として使いたいと説明しています。1979年はそういう方法にしました。5月の総会で宣言改訂を決め、その年の秋の全国図書館大会で改訂された自由に関する宣言を支持する決議をしていただくという経緯で決着をしたわけです。

● 改訂の検討経過における主な論点

　では，宣言改訂の過程でどういうことが主要に論点，問題点としてあったか。特に目立った議論の中心を本の中には10点あげています。宣言の主体（主語）。「知る自由」と「知る権利」のどっちがふさわしいのか。すべての図書館に基本的に妥当ということ。提供を制限する場合がある。これは議論がいちばん大きかったところです。それと，利用者の秘密。図書館の自由とはそもそも何なんだという議論。1954年宣言でキーワードだった中立性という概念を使うのか使わないのか。施設の提供ということについて資料の提供とのバランスが悪いのではという問題。年齢制限と子どもの問題。日図協の責任ということ，宣言を作った日図協が，宣言に対してどういう責任を負うのか，どういう行動をとるべきなのかということです。
　ここではそのうちのいくつかについて要点を取り上げることにします。

○宣言の主体（主語）
　「われわれ図書館人は」という表現が元の宣言に含まれていたように，宣言は図書館が主体なのか図書館員のことを問うているのか。誰がこの宣言の実行責任，担う主体なのかをはっきりさせる必要があるだろうということがありました。今回の宣言は図書館を主語にするということに異論はないのですが，具体的な行動の部分になると，図書館員と言わざるを得ない部分も出てくるんですね，この図書館員がどの範囲をさすのか。日図協の会員なのか，非会員も含むのか，専門職員以外も含むのか，あるいは図書館にかかわるもろもろの人たちも含むのか，地域住民も含むのか，などが宣言の主体の問題でずいぶん議論になったと思います。これは万一の事態における当事者の救済，保障の対象にも連動する問題です。

○「知る権利」と「知る自由」
　初期に理論上の問題として多く議論になったことです。「知る自由」は1950年代から使われ，それに対して知る権利はこのころから使われるようになって

きた概念であり，そういう時期でした。自由権的な概念よりも，積極的に図書館ユーザーが自ら知りたいことについて求めていくという社会権的な請求権的な要素を考えるとすれば，「知る権利」のほうがふさわしいのではないかという意見が交わされたことがありました。それに対して委員会としては，どちらがよいかという比較ではなく，原則として1954年時点で，先人がこういう文章をつくり，「知る自由」とか「知る権利」とかまだまだ非常に未熟な段階で図書館員が「知る自由」という理念を掲げて図書館のありようを示したその英知は大事にしたいという大前提で作業をやっているものですから，よほど「知る自由」ではまずいということがなければこれで行こうと考えていました。たしかに情報公開の権利みたいに，必要な情報を求めるということも図書館の活用としてあるのだけれど，そういう側面だけでなく楽しみの読書等々を含めて，まさに読むということのその主体を大事にするという，そういう部分を考えたら，国や自治体の持っている公的情報についての請求権的な側面だけでなく，知りたいこと楽しみたいこと学びたいことについて，自由にアクセスし手に入れるという意味合いからすれば，知る自由のほうがむしろベターではないかという考え方もありました。本にはその点を整理して書いておきましたので，またご覧いただきたい。

　留意いただきたいのは，委員会ではこの二つの用語のいずれがよいかを横並びで検討したわけではなく，これまで使ってきた知る自由では対応しきれないのかどうか，を考えたということで，知る自由に積極的に所要の資料を求めていく側面を持たせることも可能と判断したわけです。

　ただ，改訂後に特に法律関係の方，従来から図書館に関心を持っていただいた清水英夫さん[注1]などからもいろいろと新宣言についてはコメントをいただいたわけです。特に堀部政男さん[注2]から「知る権利」を使うべきではなかったか，今度手直しするときはぜひ「知る権利」に，という具体的な提起をいただいたりして，ここは今後に残る課題の部分かなと思います。

　注1：清水英夫「25年ぶりの「図書館の自由」宣言」『朝日新聞』1979.7.3 夕刊
　注2：堀部政男「図書館の自由に関する調査委員会編『図書館の自由に関する宣言　1979年改訂』によせて」『図書新聞』1502　1979.12.22

○すべての図書館に基本的に妥当

　この宣言がすべての図書館に妥当するというところも議論が多くありました。自由に関する宣言はどういう図書館を想定しているのかという問題です。実際には議論は，1950年代段階ではほとんど公共図書館の人だけでやったと思う。それ以外の人は記録でほとんど出てきておりません。1979年段階は，大図研ががんばっていただいたこともあって，大学図書館関係者が相当程度議論に参加しておりますけれども，その他の図書館が同じように強い関心を持ったかというとなかなかそうとは言えないと思います。また，実際に議論に参加する，主体性を持った存在もいなかった学校図書館，専門図書館はちょっとしんどいかなと。「知る自由」や「知る権利」という話は馴染みにくいだろうなと。ただ，学校図書館というところは，教育の場の図書館として，当然その基本的な原理原則は適用できる図書館と考えるべきだろう，しかしながらその当時，そういうふうに図書館をしていく主体をほとんど学校図書館は持っていない。かろうじて私が多少学校図書館にかかわっているので，学校図書館に関してはもっぱら私が代弁する程度の意見しか反映されておりません。

　日図協が提唱するからには，ある館種だけを取り出してということはもちろんありえない。特に，今回は全館種にまたがる問題だということを重々留意して検討してほしいということを，委員会から最初の段階で提起したということもあります。実際議論していく中では，館種の問題はきれいごとだけではすまないことがあり，最終的には，自由に関する宣言はすべての図書館に基本的に妥当するという，逃げの表現と言えば逃げの表現なんですが，まさに「基本的に妥当する」ということにしました。特に学校図書館については今後ライブラリアンが育ち，教育の場の図書館として図書館のはたらきをしていく中で，すべての図書館に通じるということを実践していくしかないのではないか，と将来に課題を託した形で終わったのがこの改訂でした。

　幸い，というと変な言い方になりますが，宣言改訂があった翌々年，愛知県で県立高校の禁書事件が起きまして，こういう問題というのは学校図書館においてもまさに基本的に通ずる問題だということがある意味立証されたという考え方に立って，学校図書館活動をしていくことが重要という具体的事実を我々

は体験することができたということになります。

○提供を制限する場合

いちばん活発に論議された問題として，提供を制限することの是非にかかわる問題がありました。集めた資料を原則としてすべての利用者に提供する，利用を広げる，権利として知る自由を持つ人々に提供するために図書館はどうあるべきか，をうたっている宣言の中に，提供を制限する場合があると入れることがおかしいということは，最初から大勢の人たちが入れ替わり立ち替わり発言した問題です。これは根本的矛盾だ，制限するという内容は省くべきだという発言が強くありました。

それに対して，委員会としては省けるものなら省きたいが，しかし現実にどう考えても，まったくフリーに無制限に誰に対してもすべての資料を提供できるとは言い切れないという事実もあるということ。当時顕在化した極端なケースだが『部落地名総鑑』というのが出てきて，もちろん本屋さんで売られるわけではなく秘密出版でつくられ，大きな話題になったのもちょうどその時期です。もちろんそういう資料を，公共図書館が購入するはずはないわけですが，そういうものを典型にして，ある種の資料はまったくフリーに誰にでも提供できるわけではないという日本の社会の現実は踏まえなければならないのではないか，ということで，極力限定してということになりますが，ある種の制限は必要ということで合意し，最初の段階に「人権とプライバシーを侵害するおそれが明確なもの」など三つケースをあげました。その内容がいろいろな意味で最後まで拘束したことも事実ですけれども，そのこと自体の是か否かの議論はたいへん強かったと思う。今もなお，それは続いているといえましょう。

ある種の提供制限が最終的には避けがたい，まったくなくすわけにはいかないということは一応合意を得ましたけれども。制限する場合には最も制限的じゃない方法で最小限に止める，というのが前提として理解されてきました。自由委員会でその後も検討を進め，いちばん新しい宣言解説の中にも，例えば『フォーカス』とか『文藝春秋』とか，少年法に絡んだ，少年法に抵触する内容を含んだ記事については，その後ずいぶん全国の図書館でしんどい議論を重

ねた中で，委員会として一定の考えを解説の改訂版の中には収めてもらったが，そういう前進もありました。

　2015年8月に岩波書店から『図書館と表現の自由』をお出しになった憲法学者の松井茂記さんに，図書館が資料を制限する場合には確かな法的根拠を明示されていないと許されないのでは，ということについてこの会場でお話してもらいました。憲法の専門家が取り上げるような関心テーマにこの問題がなってきたのは印象的なことです。

　松井茂記さんは，利用者の法的な地位，権利という観点からどこまで図書館に権利を要求できるのか，図書館における図書の制限措置は，どんな場合にどういう理由で正当化されるのかを語られました。制限措置はやむにやまれぬ理由のあるときに，必要最小限のものだけに限られる，それには明確な法令による根拠が必要であろうと私どもにこの会場でその本を踏まえて，課題の提起もいただいた。図書館法自体には，直接図書館の自由を書き込んではいないわけですが，図書館の理念として図書館の自由につながることを含めて，法全体の体系の中に位置づけられている，と考えてきたわけですが，やはり法律の専門家の立場からすれば例えば図書館法の中に，図書館はすべての人に対してあらゆる資料へのアクセスを保障する機関であり，制限する場合にはどういう方法でどういう基準に基づいてやるかなど，直接の法的根拠になることを盛り込むことが必要だという示唆もされました。それをどう考えていくかという課題があります。

●残された課題　これからに向けて

○情報環境の変化

　この宣言改訂をやったときにはまったく出ていなかった問題が，情報関係の問題，デジタル情報に関係する事柄です。1970年代終わりごろには，公共図書館のごく一部でコンピュータを使い出すところがあったとしても，まったくこれからという段階でした。その後の情報環境の変化，図書館と情報機器の関係というのは，まったく当時の想像を絶する形でどんどん事態が進んできてい

ます。このあたりの問題は，委員会自身が1984年に「『貸出におけるコンピュータ導入に伴う個人情報の保護に関する基準』についての委員会見解」というものを提案し，その後の委員会で，それを補う作業を重ねてこられていると思いますが，まったく今後の問題だと思います。

利用者のプライバシー保護という観点からは，利用記録を残さないということが最大の至上命題できたわけですけれども，むしろ利用記録を有効な武器にしてサービスの伸張を図るという提案さえ出てくるという状況の中で，利用者の秘密，プライバシーをどう図書館が図書館活動で大事にしていくのかという問題等々は，現在の宣言は想定していなかったたぐいの問題なので，今後のさらなる検討が必要な課題になっていくだろうと思います。

○**宣言の遵守と日図協の責務**

　日図協がこういう宣言をつくり，また改訂をし，宣言を通して図書館というものを社会にアピールしていこうとさまざまな努力をしてきているわけです。そういう日図協が，宣言の最後の図書館の自由が侵されるときには協力してそれとたたかうということ，万一それによって不利益をこうむる人が出たら救済するんだ等々と書いているわけです。その部分の内容について，本当に日図協はそんなことができるのか。救済といった話になってくると，お金の問題も出てくるわけですね。日図協はその話になってくるとそれは難しいだろう。でもやっぱりそれは言わなきゃならんことだろう，ということで論議をクリアしたことは事実だと思います。だが，こういう提案を約束として世の中に問う以上は，それに応えられるような，担えるような日図協にするという任務，責務がある。それが継続した課題だと思います。

そういう観点から，今日は日図協の大事な代議員総会だったそうですけれども，こうした問題が常に日図協の中で問い直される。そして何かコトが起こったときに，組織としての図書館がなぜそういうことになったのか，単にその責任を追及するということではなく，図書館が総体として世の中に対する責任，ありようの問題というレベルでとらえていくことが，自由宣言を軸にして図書館づくりを進めていく中でいちばん大事なことではないかと思います。

前半と後ろの時間の配分を間違えないようにしないといけないと思いつつ，やっぱりそのようになってしまいました。残したこれからの問題は現役の委員会の皆さんに委ねたいと思います。日図協が自由の宣言をいっそう維持発展するということは，単に委員会だけの問題ではなく日図協として，何かコトが起こったとき思い出す宣言には二度としないということで，不断に問い続けていくことが重要です。そういうことのひとつの支点に今回の本がなればうれしいなと思います。

●質疑

松井正英（司会）：塩見先生ありがとうございました。時間の関係もあり十分にお話いただけなかったところもあるのですが，今のお話をお聞きになって質問，あるいはもう少しここをお話いただきたいということがあればお受けしたいと思います。

塩見：大阪での講演の内容については，副委員長の熊野（清子）さんが大変短い間にテープを起こして，読みやすい形に整理をしていただき，すでに『図書館の自由』ニューズレターの99号（2018年2月）にほぼ全体が文章化されていますので，ぜひご覧ください。

蓑田明子：塩見先生，今日は夜遅くありがとうございます。レジュメにあって触れられなかった，子どもの権利と読む自由というところでぜひお考えをお聞きしたいです。学校図書館は，公共図書館と本当は一緒であっていいはずなの

に，先生たちの考え方であったりとか，児童のプライバシーの扱い方というのが，ちょっと公共図書館と違う雰囲気です。でも本当はもっと同じであっていいと私は思うところがあるので，ぜひここのところをお願いします。

高橋恵美子：学校図書館の場合は，1980年代後半ぐらいから，学校図書館は何をするのが学校図書館なのか，ライブラリアン的な意識が育ち，同時に図書館の自由の問題も意識をするようになってきました。翻って今の状況は，小学校，中学校，高校も，全国的に正規職員で有資格者の学校司書がいなくなろうとしていて，どんどん非正規職員が増えてきています。2校3校を兼務する状況が増えて，学校図書館で働いてはいるけれども，私はこの働き方でいいという，ライブラリアンとしての意識が育つ方向に行かない。今，公共図書館も非正規職員が増えて非常に安い賃金で働いている。そうすると，やはりライブラリアンとしての意識そのものが育つ条件がなくなってきていて，1979年の改訂の頃にはまだ図書館とは何か，図書館員とは何かと考える条件がそれなりに揃っていたものが，今の状況は，ライブラリアン意識を持たないライブラリワーカーが増えていることに対し，どう思われるでしょうか。

小形亮：先ほどの主語の問題をもうちょっとお聞きしたいです。1954年版は図書館員になっているところが多くて，1979年版では図書館が主語になったというお話ですけれども，主文の最後の「われわれは団結してあくまで自由を守る」の「われわれ」は誰なんだろう，これは図書館員なのか，それとも図書館の集合体なのかということをもう少しお話いただければと思います。

篠田清孝：今日はありがとうございました。私は市立図書館で働いていまして，今年度から学校図書館と連携を始めています。子どもたちがインターネットで予約して学校に好きな本を市立図書館から届けるサービスを始めたんです。学校からは，自殺を幇助するものだとか，アダルト系というのはやっぱり制限しないといけないというお声もいただいたんですが，図書館のカウンターに立っていて，「この本は貸せないよ」とは制限できないので，自由に任せると決め

たんです。やっぱりそれでいいのかどうか悶々としています。例えばインターネットで『フライデー』とか『フォーカス』とか小学生が予約して，学校に届くということができるわけで，子どもの制限のところの話をもう少しお聞かせいただきたいです。

塩見：小形さんの質問は一つのテーマなので，そこを先にお話しますね。あとは学校（図書館）からみが多かったのでそれは後で。
　確かにそこは議論がずいぶんあったところです。新しい改訂宣言もやっぱり，最後の項は，図書館を主語にしたと言いつつ，なりきらないところがどうしてもあるんですね。結びは，改訂は「われわれは」。以前は「われわれ図書館人」だったんですが，改訂は「われわれ」が主文の結びになっているわけです。この「われわれ」は誰だというのは，けっこう議論があった部分なんですね。あくまで図書館という組織だという前提ですが，行動の担い手を考えると具体的にはここは図書館員を想定せざるを得ない，と微妙なところです。その上で，日図協がつくる宣言だから，まずは責任が負える範囲という意味では日図協の会員，しかしながらこの宣言が，協会がつくった協会の文書であってはならないという意味では，協会会員がまずは中心となって当然努力すると同時に，図書館で働くすべての人が，あるいは図書館にかかわる諸活動を担う人たちもそれに共感し，図書館を考える基点にしていただく，そういう関係を日図協が意識してつくっていかなきゃいけない，それが総体としての図書館の行動だ，最終的合意はそういうことだったろうと思います。

　次に，多くの方からの学校とのかかわりの問題ですね。学校と連携するとき，学校側から，あるいは公共側から一定の配慮があるべきなのかどうなのか，学校側との共通認識をどうつくり出すかという問題と，そもそも子どもの権利ということから，この宣言を学校・学校図書館でどう生かしていくべきか，ここは宣言改訂以降に具体的に問われるようになった問題です。
　最初の方がおっしゃった子どもの権利，子どもの場合には学校図書館と児童図書館というのもあるわけですが，教育の場である学校図書館においてこの宣

言がどういう意味を持つか，あるいは生かしうるかということですね。大阪のときにもちょっとその話があって，2016年に私が協会から出した『学校図書館の教育力を活かす　学校を変える可能性』にわりあいそこの部分は書いたので一度読んでいただけたらと思います。

　私は学校図書館が，学校の場で，学校図書館法がいうように「欠くことができない基礎的な設備」となるには，大きく二つの側面があると思います。一つは，よくいわれるところの「教育課程の展開に寄与し児童生徒の云々」ということで，学校教育に協力する，それは単に読書の世界だけでなしに，むしろ教授・学習過程を含めた教育活動を学校図書館としてサポートする，それは当然学校図書館が担うべき最も中心的な役割であり，しかも今まだ非常に不十分な部分です。学校の中に図書館があることの意味はそれなんですが，それだけでは私はやっぱり弱いだろうなという気がするわけです。

　むしろ，図書館としての学校図書館が学校にあるという意味は，教育課程－教育課程も文科省が言う拘束性がある学習指導要領の世界だけではなく，子どもたちの，真の学びのためにつくるカリキュラムという意味で教育課程というふうに私は言いたいと思いますが，その教育課程に協力する，それをサポートするというありようは，学校教育の中から相対的に独立した，ひとつの図書館という場が持つ自律的な力みたいなものをぜひ考えていただきたいなと思います。それが学校図書館の教育の中で私が特に強調したいと思っていることです。

　授業に触発されて，子どもたちがいろんなことを読んだり調べたりする，あるいは先生たちが教育計画をつくるために授業を進めるために図書館を使うということは当然もっともっとあるべきです。そういうものがありつつ，さらに，授業と離れたところで子どもたちが学校の中で一人の人間として，さまざまな本と出会うことができる，自分で一冊の本を選び出すことができる，自分で自分の興味・関心にそった学習計画を立てることができる，自分のカリキュラムをつくることができる，それが図書館です。そういうはたらきが学校の中にあるということは，先生が進める授業をサポートする，ということだけじゃなしに，授業による学習そのものをもより深いものにすることになる。それが学校図書館をもうひとつの教育の場として自律した教育の可能性を備えているもの

と考えることが大事ではないかと思います。

　その両方があって初めて，学校図書館というのは子どものまさに読むということを含めて，知る自由，読む自由，学ぶ権利を保障するための仕組みというふうに言えるだろう。そうぜひとらえていただくことで，「子どもの権利宣言」がいうような意味での，子どもの，大人と違いがない，学んだり知ったりする権利，あるいは自らについて責任を持つと同時に自ら発言したりだとか，そういう「子どもの権利宣言」がいう意味合いの読む自由，知る権利を保障する場として学校図書館はもっともっとその役割をアピールしていくべきではないかと思います。

　授業と結びつく学校図書館ということで，教育課程の展開に寄与するということが，やっと若干教師の中に意識されるようになってきた段階ですけれども，そこで止まることなく，授業の中で触発されて生徒が学んだり読んだりすることがあり，そういうこととは別に子どもが一人の人間として図書館に行ってそこで本と出会ったりするわけです。そういうことが実は先生と一緒につくり上げる，授業の中身をさらに豊かにする，そっちにも還っていくという相互関係を考えていくと，学校の中の図書館というのは学校の単なる従属物ではなしに，学校の中にあって，授業等からも相対的に距離をおいた非常に大事なひとつの独立した世界，というイメージを形成していくことが必要です。学校図書館が学校の中にある単なる部屋とか，学校教育法の中でいう特別教室のひとつではなしに，ひとつの学びの機関だというふうに学校図書館像をつくっていくためにも，そういう側面をもっともっと強調していく必要があるだろうなと思います。そういう流れの中に，自由に関する宣言に立脚した学校図書館像というものを考えてもらったらどうでしょうか。

　最後の方がおっしゃった，公共から学校へのはたらきかけの場合に，現状ではまだ先生の中には，学校図書館に気づき出した段階ですからね，学校図書館の本を補強してもらおうということがありましょう。愛知の問題を生み出したようなところでは，教育観が食い違うようなことも十分ありうることです。その学校の認識を変えてもらうのはなかなか難しいと思いますけれども，学校図

書館は学校教育の価値だけによって提供する資料を選別される世界とは違うし，それによって子どもの学びが広がることの理解ですね，子どもたちが興味を持ち，何かを知りたい，学びたいという思いに応えていくために，それが学校図書館のコレクションだけでは間に合うはずもないわけですから，公共図書館が協力することによって，そういう世界を体験できる機会をつくるのが公共図書館との連携，公共図書館の学校へのはたらきかけだというあたりをね，なかなかそう簡単に学校教育の論理で受け入れられるとは言えないこともありましょうが，視点としてはそういう側面をぜひ持って，学校との関係を考えていってもらえたらと思います。最近伝えられる文部科学行政のおかしさを考えると難しいと思いますが，学校教育はもっともっと子どもたちの心のひらきに役立つ，支えるような側面を持っていくことがいちばん大事なんじゃないかなと思います。

　そういう理解を教師の世界と共有できるようにするのは，なかなかたいへんだと思いますが，学校図書館活動を地道に積み重ねることを通して図書館観の覚醒をつくり上げるほかないと思います。

松井（司会）：ありがとうございます。質問してくれた方よろしいでしょうか。私も学校の人間なのでもっと議論したいと思いますが，今日は時間がありません。そろそろ時間ですが，あとお一方くらいは大丈夫かと思います。

田中伸哉：この本を読んでいるときに，つらつらと自分の頭の中に出てきたことは，指定管理者の図書館は図書館の自由が果たしてあるのだろうかと，本当に，それを宣言として彼らは掲げてやっていけるのか。倫理綱領もしかり，塩見さんどう思われますか。

塩見：指定管理の契約条項の中に，例えば，「図書館の自由に関する宣言」，「図書館員の倫理綱領」を最低踏まえた図書館経営をしてほしいということを，契約を結ぶ自治体には書いてほしいと思いますね。松岡要さんがいろいろ契約事例を調べていらっしゃるので，そういう例があれば教えてほしいと思います。

本来はそういうものであってほしいと思う。地方自治法がうたう指定管理の許容条件は，「施設の設置目的を効果的に達成するため必要」ということであり，まさに自由宣言や倫理綱領にそった経営はそれを保障する要件でしょう。残念ながらそういうところにこれが出てくるぐらいの認知度のものには，自由宣言も倫理綱領もまだなっていないかもしれませんが。おっしゃるようなレベルで，図書館法並みにこの宣言なり倫理綱領なりが認知されるような関係をつくっていくということがいちばん基本のところ。少なくとも指定管理を引き受けた以上は，宣言の精神を日常の中で実践するあるいは，それを実践できるような条件を職員等々の構成の中で配慮するということが契約内容になっていくように望みたいと思います。現状の多くの受託契約の中ではおそらくそういうことを求めようとはたぶんしていないだろうと思うし，指定管理を考えるような自治体のイメージする図書館とは相容れないのだろうと思います。だから，高橋さんは，限りなく職員が非常に条件が悪い方へ流れていくということを危惧されたのだと思います。しかし必ずしもそうとばかりは言えないかとも思います。少なくとも，そうでないようにしようという動きもあるわけです。学校司書に関してはとりあえずおらんよりはおった方がいいだろうということで，2校3校兼務ということもあるんだけれども，そっちに向かってとうとうと流れているというのもいささか言い過ぎのような気もします。

　そうなのかどうなのかということも含めて，そもそも指定管理で公立図書館を運営すること自体が，こういう宣言の考え方と，重なりにくいものをもともと含んでいると思います。そういうやり方の図書館運営が図書館の当たり前になっていかないようにするということとセットで，現代の図書館づくりを考えていきたいなという気はしますね。そのぐらいでいいでしょうか。

松井（司会）：ありがとうございました。時間を過ぎてしまいましたので，本日はこれで塩見先生の講演会を終わりにしたいと思います。
塩見先生，どうもありがとうございました。

●補記

　この講演では，時間配分のまずさから後段についてレジュメに沿った話が不十分に終わらざるを得ませんでした。そこでその部分について，以下に若干の補記をさせていただきます。（塩見）

○改訂の意義と社会的評価
　1979年の自由宣言改訂は，日本図書館協会の取り組んだ事業として，まれにみる丁寧で組織的な検討を重ねて成ったと言ってよいかと思います。1976年9月の1954年副文案についての課題整理に始まり，4次にわたる改訂案の提起とそれを受けての3度の全国大会分科会の公開討議，委員会が開催した公聴会や各団体・機関による検討の場の設定，最終段階での2度の文書による代案公募とそこで寄せられた意見についての検討，などなど，重ねた努力は大きなものがありました。
　しかし，当然のことながら，ことは文書づくりに目的があることではありません。図書館の自由は日常の図書館活動の中にあり，日々の実践と不離の関係にあることを図書館現場に根づかせ，たえず問い直される日常をつくり上げていくことが重要です。子どもの知る自由，権利としての学びの保障という視点から，図書館の自由の原理を学校教育の論理といかにかみ合うものとしていくか，という今回の質疑の中で出された問題などは，まさにそういう課題のひとつだろうと思います。
　その意味で，今回の宣言改訂の意義をどこに見出すかは，改訂された宣言と日常の図書館活動との相互関係の中で確かめていくべきことでしょうが，そういう検証を可能にした特徴点をいくつかおさえておこうと思います。

①　1954年以来の懸案であった副文を今日的に再生し，主文と併せて一体化することで，現実に生起する図書館の自由に係るさまざまな事実，事態に対処する考え方の基礎，拠りどころを準備することができた。もちろん宣言は，何かことが起きた際の金科玉条の盾にするようなものではなく，体験や論議

を通して相対化し，維持・発展させていくべきものですが，社会への誓約として一つのまとまった文書を示せたことは，図書館のありようについての重要な提起となったであろう。

② 宣言の基礎を1954年宣言案で重視した中立性におくことを排し，憲法上の国民主権の原理と表現の自由におき，できるかぎり憲法を基本とする法体系にそった論理構成とすることで，説得性，実効性を持たせるように配慮している。

③ 1970年代以降，図書館の自由に係る事案として，最も多くみられたケースは，人権侵害・差別の助長など，「好ましくない」とされる資料の扱いに関するものと，利用者の秘密・プライバシー保護に関するものであった。図書館界はこれらのケースについて苦衷の経験を重ね，対応の原理を探ってきた。いまだ一里塚というべきだろうが，今回の改訂により，提供を制限せざるを得ない場合の基準を副文に成文化し，「利用者の秘密を守る」を主文の一項として掲げた。

④ 1954年の副文案では明確に触れていなかったが，戦前・戦時中に図書館が国民思想の善導に手を貸す役割を果たしたことへの反省に立って，この宣言が策定されていることを明文化し，図書館が民主主義，国民主権に奉仕する存在であることをうたった。

⑤ 元の宣言案では主語が図書館であるのか図書館員なのかあいまいな構成になっていたのを，図書館が主体（主語）であることを明白にすることで，宣言改訂の論議に先立ってすでに提起されていた「図書館員の倫理綱領」をこの宣言と表裏の関係にある文書として成立させる根拠を明確にした。倫理綱領は翌1980年の日図協総会で制定され，この宣言と併せて図書館界から社会に向けた誓約の二つの柱として存在することになった。

⑥ 図書館が自らの責任で成文化した収集方針を公開し，広く社会からの批判と協力を得るよう努めることを明示した。収集方針の公開は，利用者が図書館に求めることのできる資料の幅を知らせることで，提供されるサービスの広がりと期待感を喚起せしめることであり，図書館づくりへの利用者の参加に根拠を与えるものでもある。

⑦　主文において「資料と施設」の提供を掲げているが，施設について原案では特にふれることはなかった。自習席の提供を含むのかという受け止めもある中で，図書館に設けられる集会室等が備える特性を文章化し，その公平な提供をうたった。
⑧　この宣言が約束する「国民」の権利が，外国人にもわたることを明記したことで，多文化サービスの展開への根拠を示した。
⑨　宣言を維持し，実効あるものたらしめる日本図書館協会の役割と責務を結びにうたった。

　これらの諸点は，いずれも1979年宣言という文書づくりの意義，成果というのではなく，それ以降の図書館づくりにとっての原理的基点がどう整備され，いかに手がかりを用意したといえるか，を確認したものと受け止めていただけるとよいと思うし，そのように活かしていただきたいものだと願っております。
　そのいくつかについては，宣言改訂が成った早々に，マスコミ紙誌上に少なからず掲載された図書館界の外からの反響，評価を通じても確かめることができます。1954年宣言についてはかなり後になって法学者の清水英夫さんなどから図書館人の先駆的な叡智として高く評価されてきましたが，今回の改訂に対しては改訂の成った早い段階に，マスコミが関心を寄せ，法学界や出版界などからいずれも高い評価，激励のメッセージを受けることができました。私の著書では改訂から1年くらいの間に寄せられた文献として11点を紹介しております（本文p.194）。それだけ図書館事業への社会的な関心が高まってきたことの表れといえましょう。
　特に本を読む国民のプライバシーの保障について，読書の自由（秘密）を守る，という趣旨を新たな主文の一項に取り上げたことへの言及が多くみられました。急速に進行しつつある情報社会における個人のプライバシー保護への危機感と関心の高まりがそこにうかがえますが，とりわけ，図書館が利用者一人ひとりの読むという心の内面の自由を大事にし，求めに確実に応えようと努めるはたらきが具体的に見えるようになってきたことへの信頼と期待の表れととらえることが重要でしょう。そのように宣言を実践し，信頼に応えていかねばな

らないと思います。

○今に続く課題　これからに向けて
　上記のこととも関連しますが，1979年改訂宣言が今当面するその後の，あるいは新たな課題についていくつか取り上げることにします。そのことにもぜひ言及を，という自由委員会からの要望を事前にいただいていたためです。それはすでに「現役」を退いたというべき今の私の役割ではないし，その求めに応えるだけの最近の状況等を十分よく把握しているとは言えませんが，課題の申し送りのようなつもりで，最後に少し触れておくことにします。

1　法曹界からの示唆に応える
　二つの最高裁判決，なかんずく宣言の考えを論旨に取り込んでくれたといっても過言でない船橋市西図書館の蔵書破棄事件に対する判決，さらには図書館による利用制限を憲法学の視点から論及した松井茂記さんの著書『図書館と表現の自由』（岩波書店，2013年）など，1979年改訂以降に急速に進んだ法曹界からの示唆や批判に，共同作業として応えていく課題がまず挙げられよう。
　「訴訟社会」と評されるアメリカの場合には到底比べるべくもないが，近年，日本でも図書館資料の扱いや提供制限，読書の自由などをめぐって，決着が法廷に持ち込まれるケースがいくつも生まれ，判例が蓄積されてきている。1979年の宣言改訂以降の顕著な動向であり，最高裁の判決も2件みられた。ひとつは，1983年6月の「よど号乗っ取り事件」の未決拘禁者による新聞閲読の自由をめぐる国家賠償訴訟の上告審判決において，閲読の自由を憲法の条文に照らして権利として認めたものであり，宣言が拠って立つ基点とした知る自由（その主要なひとつである読む自由）を認証した画期的な判決である。
　もうひとつは，船橋西図書館の一司書が自己の思想・信条に合わないと考えた一群の図書を独断で破棄したことに対し，破棄された著作の著者等が訴えた裁判における2005年7月の控訴審判決で，最高裁が公共図書館の役割を教育基本法，図書館法等に照らして認定し，そのことに資すべき図書館職員の独断による破棄行為は国家賠償法上違法であると裁定したものである。ここで展開

された論理は，宣言が述べるところとまったく重なる判断といって過言でない。

この二つの判決は，自由宣言に対する心強い法制上の認証と受け取ってよいだろう。

図書館活動にかかわって，法律との関係が問われる事象が頻発するようになったのが，宣言改訂前後頃から以降の大きな特徴である。1975年5月に顕在化した東京都立中央図書館における警察官による利用者の複写記録請求事件では，刑事訴訟法第197条第2項に基づく捜査関係事項照会書による要請が寄せられた。1986年の深川幼児誘拐事件では，宣言が記録の開示を「例外とする」とした憲法第35条に基づく令状による捜査が国立国会図書館に向けられ，それへの対応が論議になった。

1997年に神戸で発生した連続児童殺傷事件では，被疑者の実名，顔写真をあえて掲載した雑誌の扱いが，少年法の規定との関連でマスコミの注目を集めた。こうした事象との対応は，これまで図書館員が経験することのなかったものであり，その過程で法学者や弁護士など法曹界の人たちからの助言や示唆を得ることが多くみられ，交流が深まったことは重要な展開であった。

憲法学者が図書館資料の利用制限の是非と判断基準に対象を絞って考察した初めての研究書といってよい松井茂記さんの著書が，こうした流れの中で登場している。

法的規制や法廷判断が図書館の資料収集・提供とどのような関係をもたらすか，利用者の知る自由，秘密性の保持など図書館活動の基本にかかわる原則との緊張関係にどう対処するか，新たな法的環境の整備など，法曹界と連携した共同作業の課題への取り組みの必要が強くなっている。

2　情報社会の急激な変化がもたらす課題

1970年代後半に取り組まれた宣言改訂は，その直後くらいに急激に変化することになる情報環境，デジタル化の進展に対応できるものとなっていないのは無理からぬことである。コンピュータの導入に際して，職場で真摯な検討を重ね，1976年に導入の三原則を確認した日野市立図書館の先駆的な経験も生まれつつあったが，1983年に岡山県鴨方町図書館が貸出登録に住民基本台帳

を利用しているという報道が衝撃をもって迎えられ，利用者記録とプライバシーの保護が大きな関心事となった。

　貸出業務にコンピュータシステムを導入する図書館が増える動向の中で，事態の重要性を考えた自由委員会では，「貸出業務へのコンピュータ導入に伴う個人情報の保護に関する基準」を作成し，1984年の日図協総会で採択，さらにそれを補う委員会見解を用意し，データ処置の外部委託の条件や貸出利用者のコードの決め方について注意を喚起した。

　1979年の改訂宣言が，主文の一項として新たに「図書館は利用者の秘密を守る」を立て，読書の自由，利用者のプライバシー保護を図書館の使命として強調したことは，図書館界の外からの評価でも強い注目を集めた。それだけその侵害が危惧される客観情勢が広がっていることの反映であるが，とりわけ日進月歩の技術革新がもたらす情報環境の変化が激しく，この主文が掲げる理念と新たな技術に支えられるサービス提供との間の緊張関係が次々と生まれている。「利用者の秘密を守る」ためには，返却後の利用者の記録は残さない，という原則に対し，貴重な利用者記録を顧客サービスの拡大に活かさない手はない，という主張がなされることもある。

　自動貸出機の採用，ICタグを使った蔵書管理，「有害」情報をブロックするためのフィルターソフトの導入，マイナンバーカードの実用化，などなど，図書館業務に適用が検討される技術の革新は急である。利用者データの大量流失といった図書館自身が犯した利用者の秘密の侵害例もいくつか伝えられている。

　デジタル環境の変化と関連して，インターネットを介しての情報送受と著作権をめぐる動きも急である。著作権者の権利を大事にしつつ，著作物への自由なアクセスを広げることは自由宣言の範疇からも取り組んでいくべき課題である。

　これらはすべて宣言改訂後に新たに顕在化した状況であり，国民の知る自由を保障するという宣言の基本原理を実践する中で，それを真に有効かつ適切なサービスの充実にどう活かしていくのか，今後もなお広がるであろう大きな課題である。

3 人権，プライバシー条項を実践的に深める

　自由委員会が設置されて以降，図書館の自由に係る事象として，事例研究等で最も多く取り上げ，力を注いできたのは，宣言が「提供の自由は，次の場合にかぎって制限されることがある」としている「人権またはプライバシーを侵害するもの」条項にかかわるケースである。そして，かなりの経験と成果を重ねてきた。

　宣言改訂の論議を通して，国民の知る自由を保障するこの宣言にこうした制限条項があること自体がおかしい，という批判が当初から強かったし，制限にあたって「人権またはプライバシーを侵害する」という判断を誰が，どのような基準で行うのか，そこに拡大解釈の恐れはないか，制限する際にはどのような方法でするのが適当か，が論議を呼んだことは先にも紹介したとおりである。部落差別をはじめ人種差別，性差別，職業差別などさまざまな差別の助長につながりかねない資料，プライバシーの侵害や名誉毀損を生じかねない資料の扱いが数多く検討の俎上にのぼってきた。改訂の素案を提示するにあたって，「著しく」「明白な」といった形容詞で限定することは採らず，図書館自身が主体的に判断し，その結果を利用者（社会）の判断に問うという厳しい経験の蓄積を通して，この条項の社会的合意を形成していくという筋道を想定したものであり，当然それは厳しく，難しい道程となった。

　委員会が多くの論議を集約し，まとめたこれまでの到達点は『宣言解説』第2版に，

＊「フォーカス」（1997.7.9号）の少年法第61条に係わる記事の取り扱いについて（見解　1997）[注]
　　注：その後「加害少年推知記事の扱い（提供）について（2007年5月総会承認）」で結論を修正
＊「文芸春秋」（1998年3月号）の記事について＜参考意見　1998＞
＊差別的表現を批判された蔵書の提供について（コメント　2000）

として公表され，現場での判断の参考に供されている。ここにはこれまでのさまざまな経験，苦衷の判断等を通しての，この条項の解釈，運用についてのよ

り踏み込んだ，以下のような判断が披歴されている。

・プライバシーの権利が憲法の保障する権利に含まれることはほとんど異論がないと考えられるので，この項は「プライバシーその他の人権を侵害するもの」と読み替えるのが適当である。
・ここでいうプライバシーとは，特定の個人に関する情報で，一般に他人に知られたくないと望むことが正当であると認められ，かつ，公知のものでない情報に限られる。
・差別的表現は，特定個人の人権の侵害に直結するものを除き，制限項目に該当しない。
・判断の主体は図書館であり，各図書館には，制限の要否，方法の検討，制限措置の再検討を行う委員会を設置しておくことが望ましい。
・制限をせざるを得ない場合は，「より制限的でない方法」によるべきである。

こうした判断は，それぞれの図書館が自主的，主体的に行うべきであり，委員会の判断がマニュアル化することは避けねばならないが，そのための参考資料として，委員会による経験の集積は重要であり，今後もいっそうの成果が期待される。ゆくゆくはアメリカ図書館協会（ALA）の『知的自由マニュアル』（翻訳書名『図書館の原則：図書館における知的自由マニュアル』）のようなものに集大成されることが望ましい。

4　図書館活動の日常の中で自由の問題を問い続けること

図書館の自由について感性を磨き，課題を見出せるのは，日々の図書館活動の中においてであるのが基本である。利用者の知る自由を保障するという思いのこもった日常の活動があってこそ，図書館の自由は利用者と共感しあえるものとなる。大阪の講演の際に，著書で書き落としたこととして紹介した直井勝さんの「読書の自由を守ろう―私の失敗から」（図問研会報107号に初出。p.16参照）のような感覚が重要であり，宣言改訂時にはそうした気風がある程度高揚をみていたように思う。今その点はどうなっているだろうか。

公共サービスをお金を払って買い上げるような市場原理の蔓延，指定管理者への事業委託やカウンター業務の外部化が広がる現代の図書館経営において，図書館員がカウンターにおける一人ひとりの利用者と向き合う関係が希薄化し，資料提供への執着が弱くなることは，図書館の自由を知識や観念のレベルにとどめ，日常の問題としてとらえる力をそぐことになるのは必至である。利用者に図書館の自由を感じてもらい，図書館員も利用者との応対を通してその根拠を学ぶという相互関係の喪失は，実践課題としての図書館の自由の定着と乖離するものとして危惧される。

5 「すべての図書館に基本的に妥当」の普及と検証

　公立図書館にみられる上記の状況は，「図書館の自由に関する原則は，すべての図書館に基本的に妥当する」と改訂宣言で述べたその他の図書館，特に大学図書館や学校図書館において今どう受け止められているだろうか。

　改訂論議の時期，大学図書館界では誕生したばかりの大学図書館問題研究会の熱心な取り組みもあって，議論は活況を呈した。学園紛争を経たこの時期，大学図書館がこれまで運営の重点として意識することの弱かった学生サービスに力を入れようとしていたこととそれは無縁ではなかったろう。カウンター業務の外部化，職員体制における専門性の希薄化は公立図書館の場合以上のものがあるようにうかがえ，図書館活動の日常に即して図書館の自由について論議されることが図書館現場から影を潜めているのではないだろうか。

　対照的に学校図書館の世界では今，図書館の自由への関心が高く，学校図書館問題研究会の集会等でテーマに取り上げられることが多くみられる。雇用条件の悪さや身分の不安定さはありつつも，ようやく法制化への一歩が開かれた学校司書の専門職員としての確立に向け，「学校図書館も図書館である」という認識を重視し，図書館のはたらきを学校の中につくり出すことで，学校の重要な一要素として，学校教育の充実に資する実践を，という活動が意識的に進められつつあることに深くかかわっていると言えよう。その中で，図書館の重要な原則として「図書館の自由」と宣言を実践課題としたいという思いがかなり共有されている。図書館の自由を大事に考える図書館が学校にあることが，学

校の学びをより豊かに，充実したものとする，という関係を学校社会の中にどう確立していくか。質疑の中でも少し話したが，現代の重要な実践課題である。

　こうした館種ごとの状況を見ると，図書館の自由の活性化には，図書館現場の日常が深くかかわっていることは明らかであろう。図書館の自由を館種ごとに分断された課題と限定するのではなく，館種横断的に共通するところを大事にし，それを日常活動の中で再度問い直す実践の課題とすることで，それぞれの図書館活動の進展を支える原理として活性化する取り組みを望みたい。

6　現代の図書館づくりの基調に自由の宣言を

　図書館の自由は，資料の収集・提供をめぐる紛糾やトラブル，利用者のプライバシーにかかわる記録の扱いなど，何かコトが起こったときにそれに対応するための原理，拠りどころとしてのみ存在するものではない。国民の基本的人権である「知る自由」を保障することは，何よりもまず図書館本来の役割を誠実に，積極的に追求することと同義でなければならないし，そのためにこそ社会に向けて発信し，理解を広げていかねばならない原則である。「日常活動の中で実践を」と先にも掲げたとおりである。

　そういう観点からみれば，図書館の自由は図書館の経営・活動のあらゆる局面に深く関与し，その基点としてとらえられねばならない原理である。その幾つかを例示的に掲げよう。

・知る自由の保障は，顕在化した利用者の求めに応えることだけでは十分でない。未利用者に図書館の活用を働きかけること，とりわけ障害者や高齢者，在日外国人など図書館利用にハンディを持つ人たちが使える図書館にすることは，知る自由の保障の大きな前提である。あらゆる情報疎外の克服に障害者差別解消法の精神が活かされねばならない。
・利用者が図書館サービスの力と可能性に気づくのは，組織としての図書館を実感するときである。利用者の求めに「草の根をわけても」応えようとするとき，不可欠なのは設置者の枠を超えた図書館相互の連携・協力，図書館ネットワークのはたらきである。図書館の世界が所蔵するコレクションの総体を

バックにして個々の図書館サービスがある,という実態を具現化することは,国民の知る自由の保障にとって何よりわかりやすい実践である。資源共有という考え方を現場に徹底し,実態化すること,その中で共同保存のしくみの構築にも視野を広げることを重視したい。
・これからの社会を考えると,非常に大きな特徴として少子高齢化のとめどない進行があろう。政府の欺瞞的な「働き方改革」などではなく,増加する高齢者が養護される弱者としてだけでなく,主体的に社会の成員として生きるあり方,減少する若者の主権者として生きるための学びが権利として総合的に考えられなくてはならない。その中に,図書館を活用し,自ら学び,自ら考え,行動する市民としての生き方(市民的教養)の広がりに参画することも,図書館の自由の現代的な実践である。

　図書館の自由は何か特別なことではなく,日常の図書館運営,図書館活動の基調としてとらえられることが重要な原理です。図書館づくりの基調として存在するものですが,それはそういう視点での問い直しとの相互関係ではじめて力を発揮するものでもあります。
　宣言の結びで,この宣言を提起する日本図書館協会の責務に言及しています。「支援と救済」の可否がためらいがちに論議されてきましたが,もちろんそれも必要なことですが,まず重要なのは,図書館の自由を日常の図書館づくりの基点に,という意識を日本の図書館界全体の共有にしていくことです。言うは易く,大変な課題ですが,そういう方向に向けて,力を寄せ合いつつ苦難を超えていく,という運動体に図書館協会を強めていくことを,宣言を提起し採択している日本図書館協会の責務として確認しておきたいと思います。
　「何かコトが起こったときに思い起こされる自由宣言」,といった過去の苦い体験を再来させることがあってはならない,と強く願ってこの補記を終えます。

資料

関連略年表
図書館の自由に関する宣言　1979年改訂
図書館の自由に関する宣言（案）　1954年原案
図書館の自由委員会規程
文献

関連略年表

	図書館の自由に関すること	図書館界の動きなど
1950		・図書館法公布
1952	・図書館の中立性を考える 　（雑誌編集委の提起） 　⇒「図書館の抵抗線」中立性論争 ・埼玉県公共図書館協議会からの図書館憲章制定の要請 　⇒日図協総会で憲章制定を決議 　（1953.6.1）	
1954	・図書館の自由に関する宣言 　（全国図書館大会で主文採択） 　⇒委員会設置，副文の扱い等，進まず	
1960		・「図書館は何をするところか」
1963		・『中小レポート』刊行
1965		・日野市立図書館開設
1966	・「忘れられたか図書館憲章」（村上清造）	
1967	・練馬テレビ事件	・図問研，貸出を伸ばす方針決定 ・入館票廃止キャンペーン
1968		・公共図書館振興プロジェクト ・図問研，予約制度を推進 ・現金輸送車三億円強奪事件
1969		・『東京の公共図書館』作成 ・ねりま文庫連絡会発足 　⇒各地にこども文庫続出
1970	・有三青少年文庫選書問題発覚	・『市民の図書館』刊行 ・東京都の図書館振興策 ・視覚障害者読書権保障協議会結成
1971		・図書館法改廃問題顕在化

1972		・国際図書年 ・『図書館白書』 ・国の図書館建設補助金大幅増
1973	・山口県立の蔵書封印事件発覚（8） 　⇒図問研，大図研等の日図協への 　はたらきかけ ・全国図書館大会（高知）において 　宣言を確認（10） ・『目黒区史』回収（11）	・大阪府教委BM補助施策始動 ・小包爆弾殺人未遂事件
1974	・自由委員会設置の検討委員会発足（4） ・臨時役員，自由委員会設置承認（11） ・自由委員会設置を確認，委員会規程承認（12）	・東村山図書館設置条例制定
1975	・自由委員会，東西両地区小委が活動開始（3） ・都立中央図書館で複写記録請求事件 　⇒福地明人「刑訴法197条2項を 　めぐって」 ・「問われる"図書館の自由"」（朝日夕刊　7.5）	・「部落地名総鑑」問題顕在化
1976	・自由委員会，副文の再生に着手（5） ・雑誌に「副文案の問題点と改正の大綱」を提示（9） ・日野市立図書館，コンピュータ導入三原則確認 ・ピノキオ問題（11）	・『図書館づくり運動入門』刊行
1977	・副文第一草案（9）	・日野市立図書館市政図書室開設
1978	・評議員会で副文採択1年延期，主文を含む改訂を決定（3） ・改訂第1次（8）	・図書議員連盟発足
1979	・改訂第2次案（1979年改訂案）（2） ・日図協評議員会で改訂案を承認（3） ・日図協総会で自由宣言の改訂を決議，声明公表（5） ・『図書館の自由に関する宣言1979年改訂』（解説冊子）発行（10） ・全国図書館大会で改訂宣言支持を決議（10）	

1980	・日図協総会で「図書館員の倫理綱領」を決議（6）	・京都市図書館財団委託問題化 ⇒中央図書館開館（1981年開館）
1981	・愛知県立高校禁書問題発覚（11）	・臨時行政調査会（第二臨調）発足
1983	・未決拘禁者の閲読の自由に関する最高裁判決（6）	・鴨方町図書館で貸出登録に住民基本台帳を使用
1984	・日図協総会で「貸出業務へのコンピュータ導入に伴う個人情報の保護に関する基準」採択（5）	
1986		・富山における『図録』問題
1987	・『「図書館の自由に関する宣言1979年改訂」解説』発行（10）	
1994		・子どもの権利条約批准
1997		・神戸の連続児童殺傷事件
2004	・『解説』第2版発行（3）	
2005	・船橋西図書館蔵書破棄事件に係る最高裁判決（7）	

図書館の自由に関する宣言　1979年改訂

社団法人　日本図書館協会
（1979年5月30日　総会決議）

　図書館は，基本的人権のひとつとして知る自由をもつ国民に，資料と施設を提供することを，もっとも重要な任務とする。

1　日本国憲法は主権が国民に存するとの原理にもとづいており，この国民主権の原理を維持し発展させるためには，国民ひとりひとりが思想・意見を自由に発表し交換すること，すなわち表現の自由の保障が不可欠である。

　　知る自由は，表現の送り手に対して保障されるべき自由と表裏一体をなすものであり，知る自由の保障があってこそ表現の自由は成立する。

　　知る自由は，また，思想・良心の自由をはじめとして，いっさいの基本的人権と密接にかかわり，それらの保障を実現するための基礎的な要件である。それは，憲法が示すように，国民の不断の努力によって保持されなければならない。

2　すべての国民は，いつでもその必要とする資料を入手し利用する権利を有する。この権利を社会的に保障することは，すなわち知る自由を保障することである。図書館は，まさにこのことに責任を負う機関である。

3　図書館は，権力の介入または社会的圧力に左右されることなく，自らの責任にもとづき，図書館間の相互協力をふくむ図書館の総力をあげて，収集した資料と整備された施設を国民の利用に供するものである。

4　わが国においては，図書館が国民の知る自由を保障するのではなく，国民に対する「思想善導」の機関として，国民の知る自由を妨げる役割さえ果たした歴史的事実があることを忘れてはならない。図書館は，この反省の上に，国民の知る自由を守り，ひろげていく責任を果たすことが必要である。

5　すべての国民は，図書館利用に公平な権利をもっており，人種，信条，性別，年齢やそのおかれている条件等によっていかなる差別もあってはならない。

外国人にも，その権利は保障される。
6　ここに掲げる「図書館の自由」に関する原則は，国民の知る自由を保障するためであって，すべての図書館に基本的に妥当するものである。

この任務を果たすため，図書館は次のことを確認し実践する。

第1　図書館は資料収集の自由を有する。
1　図書館は，国民の知る自由を保障する機関として，国民のあらゆる資料要求にこたえなければならない。
2　図書館は，自らの責任において作成した収集方針にもとづき資料の選択および収集を行う。
　　その際，
　(1)　多様な，対立する意見のある問題については，それぞれの観点に立つ資料を幅広く収集する。
　(2)　著者の思想的，宗教的，党派的立場にとらわれて，その著作を排除することはしない。
　(3)　図書館員の個人的な関心や好みによって選択をしない。
　(4)　個人・組織・団体からの圧力や干渉によって収集の自由を放棄したり，紛争をおそれて自己規制したりはしない。
　(5)　寄贈資料の受入れにあたっても同様である。
　　　図書館の収集した資料がどのような思想や主張をもっていようとも，それを図書館および図書館員が支持することを意味するものではない。
3　図書館は，成文化された収集方針を公開して，広く社会からの批判と協力を得るようにつとめる。

第2　図書館は資料提供の自由を有する。
1　国民の知る自由を保障するため，すべての図書館資料は，原則として国民の自由な利用に供されるべきである。
　　図書館は，正当な理由がないかぎり，ある種の資料を特別扱いしたり，資

料の内容に手を加えたり，書架から撤去したり，廃棄したりはしない。

　提供の自由は，次の場合にかぎって制限されることがある。これらの制限は，極力限定して適用し，時期を経て再検討されるべきものである。

（1）　人権またはプライバシーを侵害するもの。
（2）　わいせつ出版物であるとの判決が確定したもの。
（3）　寄贈または寄託資料のうち，寄贈者または寄託者が公開を否とする非公刊資料。

2　図書館は，将来にわたる利用に備えるため，資料を保存する責任を負う。図書館の保存する資料は，一時的な社会的要請，個人・組織・団体からの圧力や干渉によって廃棄されることはない。

3　図書館の集会室等は，国民の自主的な学習や創造を援助するために，身近にいつでも利用できる豊富な資料が組織されている場にあるという特徴をもっている。

　図書館は，集会室等の施設を，営利を目的とする場合を除いて，個人，団体を問わず公平な利用に供する。

4　図書館の企画する集会や行事等が，個人・組織・団体からの圧力や干渉によってゆがめられてはならない。

第3　図書館は利用者の秘密を守る。

1　読者が何を読むかはその人のプライバシーに属することであり，図書館は，利用者の読書事実を外部に漏らさない。ただし，憲法第35条にもとづく令状を確認した場合は例外とする。

2　図書館は，読書記録以外の図書館の利用事実に関しても，利用者のプライバシーを侵さない。

3　利用者の読書事実，利用事実は，図書館が業務上知り得た秘密であって，図書館活動に従事するすべての人びとは，この秘密を守らなければならない。

第4　図書館はすべての検閲に反対する。

1　検閲は，権力が国民の思想・言論の自由を抑圧する手段として常用してき

たものであって，国民の知る自由を基盤とする民主主義とは相容れない。

　検閲が，図書館における資料収集を事前に制約し，さらに，収集した資料の書架からの撤去，廃棄に及ぶことは，内外の苦渋にみちた歴史と経験により明らかである。

　したがって，図書館はすべての検閲に反対する。

2　検閲と同様の結果をもたらすものとして，個人・組織・団体からの圧力や干渉がある。図書館は，これらの思想・言論の抑圧に対しても反対する。

3　それらの抑圧は，図書館における自己規制を生みやすい。しかし図書館は，そうした自己規制におちいることなく，国民の知る自由を守る。

図書館の自由が侵されるとき，われわれは団結して，あくまで自由を守る。

1　図書館の自由の状況は，一国の民主主義の進展をはかる重要な指標である。図書館の自由が侵されようとするとき，われわれ図書館にかかわるものは，その侵害を排除する行動を起こす。このためには，図書館の民主的な運営と図書館員の連帯の強化を欠かすことができない。

2　図書館の自由を守る行動は，自由と人権を守る国民のたたかいの一環である。われわれは，図書館の自由を守ることで共通の立場に立つ団体・機関・人びとと提携して，図書館の自由を守りぬく責任をもつ。

3　図書館の自由に対する国民の支持と協力は，国民が，図書館活動を通じて図書館の自由の尊さを体験している場合にのみ得られる。われわれは，図書館の自由を守る努力を不断に続けるものである。

4　図書館の自由を守る行動において，これにかかわった図書館員が不利益をうけることがあってはならない。これを未然に防止し，万一そのような事態が生じた場合にその救済につとめることは，日本図書館協会の重要な責務である。

資料

図書館の自由に関する宣言（案）　1954年原案

（1954年全国図書館大会に提出された図書館憲章委員会の原案）

　基本的人権の一つとして，「知る自由」をもつ民衆に，資料と施設を提供することは，図書館のもつとも重要な任務である。

（一）近代民主主義社会の原則は，民衆の一人一人が自由な立場で自主的に考え行うことによつて，その社会の動向と進歩とが決定されることである。
　　　従つて，社会の担い手としての民衆は，「知る自由」を基本的人権の一つとして保有している。
　　　それと共に，その権利を正しく行使する社会的責任をもつている。
（二）図書館は，民衆のこと権利と責任に奉仕するものであり，その収集した資料と整備した施設とを，民衆の利用に提供することを根本の任務としているところの，近代民主主義社会にとつてその構造上不可欠の機関である。

　図書館のこのような任務を果すため，我々図書館人は次のことを確認し実践する。
1　図書館は資料収集の自由を有する。
（一）図書館は民衆の「知る自由」に奉仕する機関であるから，民衆のいろいろの求めに応じられるように出来るかぎり広く偏らずに資料を収集しておく必要がある。
　　　ここに資料に関する図書館の中立性の原則が存する。
　　　この中立性の故に，図書館は資料収集の自由を有する。我々図書館人は，この自由を守るため，障害になると思われる次のことに注意する必要がある。
（二）我々の個人的な関心と興味から偏つた資料の収集をしてはならない。
（三）同時に，学部からの圧迫によつて，或る種の資料を多く集めたり，反対に除外したりしてはならない・

（四）又，著者の個人的条件例えば思想的，党派的，宗教的立場の故に，その著書に対して好悪の判断をすべきではない。
（五）このように図書館の資料収集は，自由公平な立場でなされなければならないが，図書館の予算には限度があるので事実上無制限に資料の収集をすることは出来ず，そこに我々による選択が加えられることになる。

　然しこのように我々によつて選択収集された資料に対して，我々図書館人はいちいち個人的に思想や党派や宗教上の保証をするものではなく，それは資料として価値があると認めたが故に，自由に客観的立場で選択収集したものである。

　資料としての価値の判定については，我々は自ら誤らないように努力すると共に，広く社会からの援助を期待する。

2　図書館は資料提供の自由を有する。

（一）中立の立場で自由に収集された資料は，原則として，何ら制限することなく自由に民衆の利用に提供されるべきである。
（二）勿論資料の性質によつては，例えば貴重な資料とか公開をはばかる種類のものとかは，必ずしも無制限の自由に放任されるべきでないことは当然である。

　然し思想その他の正当でない理由によつて，或る種の資料を特別扱いにし，書架より撤去したり廃棄したりすることは望ましいことではない。
（三）外部からこのような圧迫があつた時，我々は民衆の支持の下に，資料提供の自由の原則を守るべきである。
（四）又，図書館の施設，例えば集会室，講堂等についても，原則として，すべての個人や団体に対して，平等公平に開放され自由な利用に提供さるべきである。

3　図書館はすべての不当な検閲に反対する。

（一）一般的に言つて，色々の種類のマス・コミュニケーションの資料を検閲し発禁する等の弾圧手段は，或る政策を強行する早道のように思われるが，

このような措置は，民主主義社会になくてはならない弾力性，即ち民衆の批判力をなくするものであり，民主主義の原則に違反する。

（二）このような資料の一方的立場による制限は，資料の収集と提供の自由を本質として有する図書館の中立性の前提をおびやかすものであるが故に反対する。

（三）それと同時に，図書館に収集された資料も不当に検閲されて提供の制限を受けるべきではない。

（四）更に図書館の一般的利用状況については別であるが，利用者個人の読書傾向など個人的自由を侵すような調査の要求は，法律上正当な手続による場合の外は拒否する。

図書館の自由が侵される時，我々は団結して，関係諸方面との協力の下に抵抗する。

（一）我々が図書館の自由を主張するのは，民衆の知る自由の権利を擁護するためであつて，我々自身の自由の権利のためではない。

　　図書館の自由こそ民主主義のシンボルである。この認識の下に，我々は図書館の自由が侵される時，それが日本のどの地点で起ろうとも，そこで戦つている仲間に向つて全図書館界の総力を結集して援助しうるように，組織を形成する必要がある。

（二）それと共に，図書館の自由が侵される時は，独り図書館のみでなく，広く社会そのものの自由が侵される時であつて，社会を不安にし意見の発表をいじけさせ，一方交通のマス・コムニケーションによつて民衆に盲従を強いることになる。

　　自由に放任しておくと好ましくない結果が生ずるおそれがあると考える人もあるようだが，たしかに自由の途は迂遠にして時に危険を伴うこともあろう。

　　然し一方的立場による弾圧によつて，社会が不自由になり弾力性を失うことの方がより危険である。よつて我々は図書館の自由が侵される時，広く教育・出版・ジャーナリズム・映画・ラジオ・テレビ・著者その他のマ

ス・コムニケーションの関係各方面と密接に連絡提携し協力して抵抗する。
（三）然し何よりも我々の味方は民衆である。民衆の支持と協力なくして我々の抵抗は無力である。
　　そして民衆の支持と協力は，我々が日常活動に於いて民衆に直結し，民衆に役立つ生きた図書館奉仕を実行することによつて，獲得することが出来るのであるから，我々はこの点をよく認識し努力する。

注：1954年5月28日，主文のみが採択された。主文のうち結語の最終部分「関係諸方面…」以下が「あくまで自由を守る。」と修正された。

図書館の自由委員会規程

（設置）
第1条　公益社団法人日本図書館協会（以下「本法人」という。）定款（以下「定款」という。）第51条に基づき，図書館の自由委員会（以下，「委員会」という。）を設置する。

（任務）
第2条　委員会は，図書館の自由を守り，広げる責務を果たすため，次のことを行う。
　(1)　「図書館の自由に関する宣言」及び「図書館員の倫理綱領」の趣旨の普及並びに維持発展
　(2)　図書館における知的自由を侵害し，又は侵害する恐れのある事実の情報収集，調査研究及び必要な場合の意見表明
　(3)　会員，地域図書館団体又は活動部会の求めに応じた調査研究の成果を提供及び発表

（組織）
第3条　委員会は，委員長及び委員25名以内をもって組織する。
2　委員長及び委員の任命及び解職は理事会の議決を経て理事長が行う。
3　理事長は委員の互選によって選出された者を委員長候補として理事会に提案することができる。
4　委員会に東地区委員会及び西地区委員会を置く。委員はいずれかの地区委員会に所属する。
5　委員会に副委員長を置くことができる。副委員長は東地区及び西地区の委員会からそれぞれ副委員長候補を選出し，委員長が選任する。
6　委員長は委員会を代表し，会務を総理する。
7　副委員長は，それぞれの地区委員会を総括する。
8　副委員長は委員長を補佐し，委員長に事故あるときは，委員長が予め指定する副委員長がその任にあたる。

（委員の任期）

第4条　委員長，副委員長及び委員会の委員の任期は，定款第34条第1項に定める理事の任期と同一とする。

2　委員が欠けた場合の後任の委員の任期は，前任者の残任期間とする。

3　委員の再任は妨げない。

4　委員長は，2回まで再任されることができる。ただし，相当の理由がある場合は，この限りではない。

（委員会の議事）

第5条　委員会は委員長が召集する。

2　委員会は，委員の過半数が出席しなければ会議を開催することができない。ただし，委員会は電子的な通信手段等によって開催することができる。

3　委員会の議事は，出席した委員の過半数でこれを決し，可否同数のときは委員長の決するところによる。

4　委員長が必要と認めたときは，委員以外の者を委員会に出席させて，説明又は意見を聞くことができる。

5　前4項の規程は，地区委員会の運営について準用する。

（小委員会等）

第6条　委員会は，第2条に定める任務について，必要な場合には期限を定めて小委員会又は特別チーム（ワーキンググループ）（以下「小委員会等」という。）を置くことができる。

2　小委員会等の委員は，委員会の推薦に基づき理事長が選任する。小委員会等の委員は委員会の委員及び委員会以外の専門家等をもって充てることができる。

3　小委員会等の委員の任期は，小委員会等の設置期間とする。

4　小委員会等の委員が欠けた場合の後任の委員の任期は，前任者の残任期間とする。

5　小委員会等に座長を置くこととし，座長が小委員会等を代表し，会務を総理する。

6　小委員会等の座長は，小委員会等の委員の互選とする。

7　小委員会等の座長は，委員長が求めるときは，小委員会等の活動を文書で委員長に報告しなければならない。

（理事会に対する報告）

第7条　委員長は，毎年6月に開催される定時代議員総会の1か月前までに，委員会の活動を文書で理事会に報告しなければならない。

（経費）

第8条　委員会の経費は，本法人の予算の範囲内でまかなう。

（規程の改廃）

第9条　この規程の改廃は，理事会の議決による。

附　則　この規程は，平成29年3月17日より施行する。

2　最初の委員の任期は，選任のときから当該選任日における本法人役員の任期の終了の日までとする。

3　この規程の施行に伴い，図書館の自由委員会内規（平成14年8月8日施行）は，廃止する。

文献

1) 日本図書館協会図書館の自由に関する調査委員会編『図書館の自由に関する宣言　1979年改訂』日本図書館協会　1979.10
2) 同『図書館の自由に関する宣言1979年改訂解説』同　1987.10
3) 同図書館の自由委員会編『図書館の自由に関する宣言　1979年改訂解説』第2版　同　2004.3
4) 「特集・図書館の自由1」『現代の図書館』13巻4号　同　1975.12
5) 「特集・図書館の自由2」『現代の図書館』14巻1号　同　1976.3
6) 「特集　図書館の自由」『図書館雑誌』76巻9号　同　1976.9
7) 日本図書館協会図書館の自由に関する調査委員会編『図書館の自由に関する宣言の成立』（図書館と自由　1）同　1975.9（復刻 2004.10）
8) 同『「図書館の自由に関する宣言」二十年の歩み　1954-1972』（図書館と自由　3）同　1980.8
9) 同『図書館の自由に寄せる社会の期待』（図書館と自由　6）同　1984.10
10) 同『『図書館年鑑』にみる「図書館の自由に関する宣言」50年』同　2004.10
11) 「特集　50年を迎えた『図書館の自由に関する宣言』」『図書館雑誌』98巻10号　同　2004.10
12) 日本図書館協会図書館の自由委員会編『「図書館の自由」に関する文献目録 1950－2000』同　2005.12
13) 同『図書館の自由を求めて：「図書館の自由に関する宣言」採択50周年記念座談会と60周年記念講演会の記録』同　2016.4
14) 日本図書館協会図書館の自由に関する調査委員会編『図書館の自由をめぐる事例研究　その1』（図書館と自由　2）同　1978.7
15) 同『図書館の自由をめぐる事例研究　その2』（図書館と自由　4）同　1981.8
16) 同『学校図書館と図書館の自由』（図書館と自由　5）同　1983.10
17) 同『「広島県立図書館問題」に学ぶ「図書館の自由」』（図書館と自由　7）

同　1985.10

18）同『情報公開制度と図書館の自由』（図書館と自由　8）同　1987.3
19）同『図書館は利用者の秘密を守る』（図書館と自由　9）同 1988.3
20）同『収集方針と図書館の自由』（図書館と自由　10）同　1989.4
21）同『「読む自由」と図書館活動』（図書館と自由　11）同　1990.4
22）同『子どもの権利と読む自由』（図書館と自由　13）同　1994.4
23）同『図書館の自由に関する事例33選』（図書館と自由　14）同　1997.6
24）同『表現の自由と「図書館の自由」』（図書館と自由　16）同　2000.5
25）日本図書館協会図書館の自由委員会編『図書館の自由に関する事例集』同　2008.9
26）同『図書館の自由に関する全国公立図書館調査2011年　付・図書館の自由に関する事例2005〜2011年』同　2013.7
27）同『みんなでつくる・ネットワーク時代の図書館の自由：連続セミナー2013記録集』（図書館の自由　別冊）日本図書館協会図書館の自由委員会　2014.10
28）同『「図書館の自由」に関する文献目録　1950−2000』日本図書館協会　2005.12
29）同『図書館の自由　ニューズレター集成〔1〕〜4』同　2006.3〜2016.10
30）日本図書館協会図書館員の問題調査研究委員会編『「図書館員の倫理綱領」解説』同　1981.10
31）同『図書館員の倫理綱領解説　増補版』同　2002.4
32）図書館問題研究会図書館の自由委員会『部落問題と図書館』図書館問題研究会　1985.7
33）アメリカ図書館協会知的自由委員会編著『二十一世紀の図書館におけるプライヴァシーと情報の自由』京都図書館情報学研究会　2012.4
34）塩見昇『知的自由と図書館』青木書店　1989.12
35）塩見昇，川崎良孝編著『知る自由の保障と図書館の自由』京都大学図書館情報学研究会　2006.12
36）塩見昇『図書館の発展を求めて　塩見昇著作集』日本図書館研究会　2007.2
37）塩見昇『図書館の自由委員会の成立と「図書館の自由に関する宣言」改訂』

日本図書館協会　2017.12
38）石塚栄二先生の卒寿をお祝いする会編『読書の自由と図書館　石塚栄二先生卒寿記念論集』日本図書館研究会　2017.9
39）中村克明『知る権利と図書館』関東学院大学出版会　2005.10
40）馬場俊明『「自由宣言」と図書館活動』青弓社　1993.12
41）福井祐介『図書館の倫理的価値　「知る自由」の歴史的展開』松籟社　2015.8
42）松井茂記『図書館と表現の自由　法学者からみた図書館の自由宣言』岩波書店　2013.9
43）山下信庸『図書館の自由と中立性』山下信庸　1983.8
44）渡辺重夫『図書館の自由と知る権利』青弓社　1989.6
45）渡辺重夫『子どもの権利と学校図書館』青弓社　1993.10
46）渡辺重夫『図書館の自由を考える』青弓社　1996.9
47）渡辺重夫『学校図書館の対話力　子ども・本・自由』青弓社　2014.6

講師　塩見 昇氏　略歴

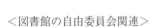

1937 年 2 月	京都市に生まれる	
1960 年 3 月	京都大学教育学部卒業	
4 月	大阪市立図書館入職（司書）	
1971 年 4 月	大阪教育大学専任講師（図書館学）	
1980 年 8 月	同　　教授	
1997 年 4 月	同　　教養学科長（併任）	
1998 年 4 月	同　　附属図書館長（併任）	
2002 年 3 月	同　　定年退職	
4 月	同　　名誉教授, 大谷女子大学教授	
2005 年 3 月	大谷女子大学退職	
5 月	日本図書館協会理事長	
2013 年 5 月	同　　退任	
2016 年 5 月	同　　顧問	

＜図書館の自由委員会関連＞
1974 年　　　「図書館の自由委員会」設置検討委員会委員
1975～2001 年　図書館の自由に関する調査委員会委員
　　　　　　　近畿地区小委員会委員長（1975～78 年）
1977～1979 年　79 年改訂宣言案起草委員

≪主要な編著書≫
『教育としての学校図書館』『知的自由と図書館』『生涯学習と図書館』以上，青木書店
『図書館の発展を求めて』（古希記念出版・塩見昇著作集）日本図書館研究会
『知る自由の保障と図書館』（編著）京都大学図書館情報学研究会
『図書館概論』『新図書館法と現代の図書館』（編著）
『学校図書館の教育力を活かす　学校を変える可能性』
『図書館の自由委員会の成立と「図書館の自由に関する宣言」改訂』
　　以上，日本図書館協会
『学校図書館職員論』教育史料出版会
『教育を変える学校図書館』（編著）風間書房

あとがき

　本書は、私たち日本図書館協会図書館の自由委員会が2018年に大阪と東京で開催した、塩見昇さんの著書『図書館の自由委員会の成立と「図書館の自由に関する宣言」改訂』出版記念講演会の講演録です。

　塩見さんには、大阪では1月28日に「図書館の自由に関する宣言1979年改訂のころ」と題し、自由委員会が成立し宣言改訂を進めた1970年代の公共図書館の状況について、東京では3月23日に「いま、この時代に自由宣言の意義を捉えなおす－79改訂を通して自由宣言の意義と課題を考える－」と題し、図書館の自由宣言の背景や1979年改訂に至る経緯について、お話しいただきました。

　自由宣言の改訂に直接かかわられた方から生の言葉で語っていただく貴重な証言は、当時の時代状況と現場の雰囲気などがよく伝わってきます。書かれたものだけではなかなか実感がわかない私たちに、多くの示唆と激励を与えてくれるものでした。

　こうした講演を聞いただけにするのはまことにもったいなく、本書の発刊となり、さらに講演で話し足りなかったことも補記いただくことができました。本書を、『図書館の自由委員会の成立と「図書館の自由に関する宣言」改訂』とあわせてお読みいただけば、より理解がすすむものと思います。本書が、時代の変化にあっても変わることない図書館の使命を踏まえた図書館サービスの進展に寄与することができれば幸いです。

　　　2018年8月

　　　　　　　　　　　　　　　　　　日本図書館協会　図書館の自由委員会
　　　　　　　　　　　　　　　　　　　　　　委員長　西河内靖泰

図書館の自由委員会 委員 （2018 年 6 月現在）

西河内靖泰（委員長，下関市立中央図書館）
伊沢ユキエ（副委員長，横浜市中央図書館）
熊野　清子（副委員長）

天谷　真彦（守山市立図書館）
奥野　吉宏（京都府立図書館）
喜多　由美子（八尾市立志紀図書館）
佐藤　眞一（東京都立中央図書館）
鈴木　章生（高知県立図書館）
鈴木　啓子
千　　錫烈（関東学院大学）
田中　敦司（名古屋市北図書館）
津田　さほ（鎌倉市中央図書館）
冨田　穰治（国立国会図書館）
平形　ひろみ（富士大学）
松井　正英（長野県諏訪清陵高等学校・附属中学校）
村岡　和彦（大阪芸術大学）
山口　真也（沖縄国際大学）

JLA Booklet no.3 ....

図書館の自由に関する宣言 1979 年改訂のころ
塩見昇講演会記録集

2018 年 10 月 1 日　初版第 1 刷発行
定価：本体 1,000 円（税別）

著者：塩見　昇
編者：日本図書館協会図書館の自由委員会
発行者：公益社団法人　日本図書館協会
　　　　〒 104-0033　東京都中央区新川 1-11-14
　　　　Tel 03-3523-0811 ㈹　Fax 03-3523-0841　www.jla.or.jp
表紙デザイン：笠井亞子
印刷・製本：㈱丸井工文社

■■■■■■■■■■■■■■■■■■■■■■■■■■■■■■■■■■■■■■■

JLA201816　　ISBN978-4-8204-1810-8　　　　　　　　　　　Printed in Japan
　　　　　　　　　　本文用紙は中性紙を使用しています